「想いをカタチにする」ポジティブ思考

Togashi Yuki
富樫勇樹

はじめに

２０１９年８月から９月にかけて、ＦＩＢＡ[*1]バスケットボール・ワールドカップが中国で開催された。日本代表チームにとっては実に13年ぶりのワールドカップ出場であり、バスケファンはもちろんのこと、多くの日本の人たちがこの大会に関心を寄せていたのではないだろうか。

日本では、それよりも３年前の２０１６年から、新たなプロリーグであるＢ[*2]リーグによるシーズンが始まっていた。そのおかげで、国内でのバスケ人気は年々高まりを見せている状況だった。当然、ワールドカップにおける日本代表チームに対する期待は大きかった。

大会２日目の９月１日、日本はまずトルコと対戦し、その後、チェコとアメリカを相手に戦っている。だが、３試合を終えた結果は全敗。１次ラウンドでの敗退が決まってしまうのだ――。

僕はこのとき、その場にいなかった。すでに日本代表から外れていたからだ。大会を控えた7月末の第3次強化合宿の練習中のこと。僕は「右手第4中手骨骨折」を負ってしまう。医師から全治2カ月の診断を受け、代表チームからの離脱を余儀なくされた。

練習中に起きたケガについては、選手はどうすることもできない。そう自分に言い聞かせ、僕は代表チームから去っていった。

こうした経緯があり、ワールドカップの試合はすべて自宅での観戦となる。僕はテレビの画面に映る日本代表の選手たちの姿に釘づけとなり、彼らの健闘を祈り続けた。結果は確かに芳しくなかった。見ている人たちは、もしかしたら「日本代表チームは弱い」という印象を持ったかもしれない。

だが僕はそう思わなかった。アメリカは別格として、トルコとチェコに関しては、「普通に戦えていた」という印象のほうが強かったのだ。

ただし、今後この状態から脱却して世界で勝てるようになるのは、そう簡単ではない。戦えるようになるのと、勝つのとは違うのだ。

ここからさらに上のレベルに行くには、多少の時間はかかるだろう。だけど僕は、日本代表チームはもっと上に行けると確信している。

あの経験は、必ず今後に生きてくる。２０２１年に延期された東京オリンピック、そして２０２３年にフィリピン、インドネシアとの共催で日本（沖縄県）でも行なわれる、次のワールドカップでは、さらにパワーアップした代表チームの姿を見せられるのは間違いない。

２０１９年のワールドカップでの日本代表の試合は、そう思わせてくれるのに十分な内容だった。関係者の多くが「これから20、30年先の日本のバスケ界の行方に大きく影響するだろう」と実感するほどのインパクトを与えてくれたのだ。

日本バスケットボール界が成長を続けている状況のなか、僕はここ数年、代表チームの一員としてプレーしたいという想いを抱いている。２０２１年の東京でのオリンピック、２０２３年のフィリピンでのワールドカップは僕にとって、とても大きな意味を持つことになるだろう。

これからしばらくの間、日本のバスケットボール界は目まぐるしい変化の時を迎えるはずだ。僕は直接の当事者として、バスケに携わる人たちと共に行動を起こしながら変化を促し、その変化の過程を当事者として目の当たりにするのを楽しみにしている。

＊＊＊

本書では、現時点の話だけでなく、バスケットボールを始めたばかりの子ども時代から中学校時代、アメリカの高校に留学したときの話にも細かく触れていく。さらにその後の日本でのプロデビュー、海外挑戦、千葉ジェッツふなばしへの入団まで、これまでのバスケ人生について綴《つづ》っていくつもりだ。

今回、改めて自分の足跡を振り返ってみて気がついたのは、僕は常に自分のやり方を貫いてきたという点だった。

人の真似《まね》をいくらしても、それは決して自分ではない——。

そうした僕の基本的な考え方が言葉を通じて浮き彫りになっていると思う。

強い想いを胸に抱き、常にポジティブな思考をする。これが僕の信念と言っていいだろう。その姿勢が、この本のタイトルにもなっている。

本書で語られる考え方には、僕以外の人にとっても参考になるものがあるかもしれない。読み進めていくうちに共感できるものが1つでもあれば、嬉《うれ》しい限りだ。

バスケファンはもちろん、スポーツが好きな人、海外で何かにチャレンジしたい人、環境を変えて新しいことを始めたい人、やりたいことがあるのになかなか思い切りがつかない人など、幅広い人たちに本書を読んでいただけたらと願っている。

2020年10月吉日

富樫勇樹

＊1　FIBA（国際バスケットボール連盟）主催の国際大会。4年に一度開催される。2019年中国大会に日本代表は、2006年日本大会以来13年ぶりに出場した。結果は1次ラウンド、順位決定ラウンド含め、5戦全敗。

＊2　2016年9月に開幕した日本のプロバスケットボールリーグ。それまでNBL（ナショナルバスケットボールリーグ）、bjリーグ（日本プロバスケットボールリーグ）の2つに分かれていたトップリーグを統合して2015年に発足した。

目次

CHAPTER 2

プロリーグ、そして海外挑戦での学び 057

CHAPTER 3

自分の「現在地」で持つべき思考

CHAPTER 4

才能を伸ばすために何をすべきか

CHAPTER 5

自分の力を最大限に発揮する

※選手の所属チームなど、本書に書かれている情報は、2020年10月現在のものです。

CHAPTER 1

やりたいことの見つけ方

01

「オン」と「オフ」の線引きが大事

バスケットボールを始めたきっかけは、「父が中学校のバスケ部のコーチをしていた」という実にシンプルな理由からだった。小学1年生になったとき、親の影響を受けた僕は、何の疑問も抱かずに地元のミニバスケットボール[*3]のチームに入団した。

小1でバスケットボールを始めてからというもの、僕はこれまでバスケットボール以外のスポーツにのめり込んだことがない。やったとしても学校の休み時間に遊び感覚でプレーしたぐらいだ。小学校時代を振り返っても、子どもたちに人気のあるスイミングスクールやサッカー教室にも通うことなく、とにかくバスケットボールだけに時間を費やしてきた。

これだけ濃密に、長年にわたってバスケットボールに触れているが、「飽きたかな」と感じたことは、いままでに一度もない。**バスケはいつやっても楽しいのだ。練習もまったく苦にならないので、結論を言えば、本当にバスケットボールが好きなのだと思う。**

父は自分の考えを押しつけるような人ではなく、事実、バスケットボールをやるように勧められたりもしなかった。とはいえ、家族の影響が大きかったのは否定できない。父だけでなく、母もバスケ選手だったので、わが家でスポーツと言えば、やはりそれはバスケットボールだった。物心ついたころには、子ども用のおもちゃのバスケットボールリングが家にあったのを覚えている。親に言われるまでもなく、赤ん坊のときから、おもちゃで遊ぶ感覚でバスケに接していたのだ。

父の話によると、父親が顧問をしている中学校のチームの試合などがあると、3、4歳の幼い僕は、母親に連れられてよく見に行ったそうだ。試合の合間に、コートにちょこちょこと出ていって、届くはずもないのにシュートを打っていたこともあったらしい。

誰かから勧められなくとも、こうした環境で育てば必然的にバスケに関心が向く。小1になってミニバスのチームに入ったのは、ごくごく自然の流れだった。

僕の入ったミニバスのチームは長年、県内でも上位の成績をキープしていた。小学生となると、年によってメンバーの運動能力のレベルにばらつきが出やすいし、スカウトで優秀な選手を集めるということもないので、チームの成績の良し悪しは、指導者によるところが大きい。当時は子どもなので分からなかったが、いま考えると、このチームのコーチは、子どもにバスケの基礎を身につけさせるためのしっかりとした指導法を持っていたと思う。だから、全国大会への出場を常に目指しつつ、毎年、一定のレベルを保つことができていたのだろう。

こうして僕のバスケ人生が始まったわけだが、実際にミニバスで試合に出るようになってからも、親からバスケについて教えてもらうという場面はほとんどなかった。**家でバスケの話をしないわけではないが、僕のプレーに対し、親が何か言ってくるようなことは一度もなかった。**

もしも僕に子どもがいて、その子がバスケを始めたら、きっと教えたくなるだろう。自分がコーチをやっていれば、なおさら思うはずだ。だが、まったく何も言わずに、父親は僕がバスケをするのを傍観していた。果たしてどういう心境だったのか。直接聞いたことはないが、いまになって、ふと「どうだったのかな?」と思ったりする。

中学生になってからは、父親との関係性がそれまでとは変わってきた。僕の進学した地元の本丸中学校で父はバスケ部の顧問を務めていたからだ。

いま振り返ると、当時の状況はかなり特殊だったのかもしれない。

練習や試合の際に、顧問である父からプレーに関して叱られたりすることがある。学校でバスケをしている限り、僕たちは監督と選手という関係だった。ところが家に戻ると、普通の親子に戻る。お互いに、異なる2つの関係を無意識のうちに使い分けていたのかもしれない。家で部活の話をすることは一切なかった。

おそらく父には考えがあって、オン・オフの線引きをしっかりとしていたのだと思う。家に帰ってきてからも、引き続き部活の話を聞かされるようであれば、**僕の性格からしてバスケに嫌気が差し、そこから遠ざかってしまった可能性もある。その性格を父親は分かっていたのかもしれない。**僕のプレーに限らず、基本的にバスケの話題を家のなかでする機会はほとんどなかったのだ。それが僕には心地よかった。

小・中学生時代、僕はそんな環境でバスケを続けていった。

＊3　主に小学生を対象にしたバスケットボール競技。ボールが一回り小さい、リングの位置が低い、試合時間が短い、3ポイントシュートがないなど、通常のバスケットボールと一部ルールが異なる。

02

〝本命〟は常にバスケットボール

「幼いころに特別なトレーニングをしていましたか?」

こんな質問をよくされる。だが、僕はいつも質問した人をがっかりさせてしまう。**子どものころだけでなく、いまに至っても、奇抜な練習をしたことがない**からだ。小学校時代を改めて振り返ってみても、皆と同じ練習をこなしていた記憶しかない。

いまはYouTubeで検索すると、アメリカで行なわれているトレーニング法を紹介する動画がいくらでもアップされている。だが僕が小学生のころは、そういったものを見て練習するような時代ではなかった。

当時、所属していたミニバスのチームは、週に2、3日集まると、1回2時間ほどの練習を行なっていた。長時間にわたってダラダラと練習するようなことはなく、楽しい遊びの延長のような感覚だった。だが、やっぱりバスケが好きだったので、チームの練習がない日も、友だちと遊ぶといっても一緒にバスケをしていることが多く、ボールに触れない日はほとんどなかった。

ミニバスのチームには、試合に出られるAチームと、二軍的な位置づけのBチームがある。小学3年生まで僕はBチームに所属し、Aチームとは別メニューの練習をしていた。Bチームの練習は、5人ずつに分かれて試合形式で行なわれることが多く、それがいつも楽しかった。

4年生になると、Aチームに昇格できた。それまでとは環境がガラリと変わり、公式の試合にも出られるようになる。Aチームに移ってからはほとんどの試合に出場した。だが、すぐに活躍できたわけではない。相手チームの選手たちは6年生ばかりであり、4年生になったばかりの僕にとって甘い世界ではなかった。4年生と6年生の間には体格や体力に大きな差がある。彼らを相手にプレーするのは大変だった。

それでも僕はずっと試合に出続けた。5年生のときには、全国大会にも出場している。自分ではあまり気がつかなかったが、上級生に囲まれながら、着実に成長していたのだと思う。

上達できたのは、ミニバスのコーチの指導に負うところが大きい。チームには、2人のコーチがいた。Bチームのコーチは結構厳しくて、ミスをすると怒られた。それで

02

も、熱心に教えてくれるコーチだったので、嫌になったりはしなかった。

小学生に一からバスケを教えるのは、実に難しいことだと思う。プロのコーチとは違った別の能力が必要になる。子どもの集中力を途切れさせず、飽きないように続けさせるのは簡単ではない。楽しくないと子どもはすぐに興味を失い、飽きてしまう。そうした点に気を配りながら指導していくのだ。

いま振り返ると、このときのコーチたちは子どもたちに教えるのが上手だった。ドリブルさえもできないような低学年の子どもが相手でも、根気強く丁寧に指導し、1年もしないうちにプレーできるようにしてしまう。子どもに対する指導法をしっかりと考え、教えていたのだと思う。

小学生のころは、本当にバスケが楽しくて仕方がなかった。バスケの他にサッカーや野球にも興味を持った友だちもいたが、**僕の本命はいつもバスケで、他のスポーツに浮気をしようなんて気持ちはゼロだった。**時折あまのじゃくになり、「中学になったら、サッカーをやるつもり」などと口走ったりもしたが、それは本心ではなかった。

バスケはプレーするだけでなく、見るのも好きだ。これも幼いころから変わらない。

小学生のころは、父親が顧問を務める中学校のバスケ部が県大会に出場したりすると、必ず母親と一緒に観戦に行っていた。もちろん、NBA[*4]の試合も大好きで、小学3年生のころからNHKのBS放送でよく見ていたのを覚えている。

NBAにはまったのは、同じ小学校に通っていた仲のいい友だちがきっかけだった。その友だちは、僕よりも先にNBAの試合にのめり込んでいて、彼からNBAのことを聞いているうちに興味を持ったのだ。

試合の中継を見たり、友だちとNBAのテレビゲームをしたり、外で実際にバスケをしたりと、すでに小学生のころからバスケに囲まれていたと言っていいだろう。

NBA選手のなかで僕のお気に入りは、何といってもアレン・アイバーソンだった。2メートル級の選手たちに囲まれながら、183センチとNBA選手としてはひときわ身長の低い彼が活躍する姿は見ていて格好がよかった。彼の特徴的なプレースタイルの1つにクロスオーバーがある。オフェンスの際、体を左右に揺さぶってフェイントをかけて、ドリブルでディフェンスを抜き去るというプレーだ。アイバーソンに憧れていた僕は、このクロスオーバーを真似《まね》してよく遊んでいた。

バスケ以外のスポーツにのめり込むことはなかったが、まったく見向きもしないというわけではなかった。小学生のころは、休み時間に同級生たちとサッカーをした。自分で言うのは口幅ったいが、サッカーは結構、得意だった。まったくの空想でしかないが、もしもバスケと同じような情熱をサッカーに注ぎ込んでいたら、サッカーのほうが自分のセンスをより発揮できたのではないかと思うときもある。

こうなると妄想の類《たぐい》かもしれないが、おそらく日本代表になれたのではないか。身長によるハンデもバスケよりも大きくはない。そう考えてしまうくらい、サッカーは上手だったと思う。ただし、明確な根拠はないので、本気にしないでほしい。Jリーガーの友人もいるが、さすがに彼らの前でこれを言うのは憚《はばか》られるので、直接言ったことは一度もない。

あとは野球も少しだけやったことがある。同じ球技ではあるが、どういうわけかこちらのほうはまったくダメだった。

＊4　National Basketball Association。世界最高峰のプロ・バスケットボール・リーグ。北米の都市にフランチャイズを持つ30チームが参加している。

03

自主性を尊重した指導

小学校を卒業し、地元、新潟県新発田《しばた》市にある本丸中学校に入学すると、バスケットボール部に入った。顧問は父親である。やはり、どこかやりにくい部分はあった。ありがたかったのは、先述のとおり、父親が学校と家との間に明確な線を引いてくれたことだった。学校での出来事について、家で注意された記憶は一度もない。

それでも、同じ中学校に通っているため、苦笑させられる場面もたまにあった。たとえば、睡魔に勝てずに授業中に居眠りをしてしまうと、担任の先生から「親の顔が見てみたい」と言われ、皆に笑われたりするのだ。このような些細《ささい》な出来事は時折起きたが、大々的に困ったりはしなかった。

僕が入学した中学校は、1学年に5クラスあり、全校生徒数は400〜500人ほどだった。バスケ部には、各学年から10〜15人くらいの生徒が集まっていた。

ミニバス同様、公立中学校の部活チームで、毎年強いチームを維持するのはかなり難しい。基本的に、決められた学区に住んでいる子どもだけが通うわけで、その条件で毎年強いチームをつくり上げていくのは至難の業《わざ》なのだ。

ただし、当時の本丸中には越境組が入ってきていたので、高いレベルを維持できていた。**本丸中学校はバスケの強豪校として知られていたので、長岡市や新潟市から通ってくる生徒がいたのだ。**本丸に通うために、北海道からわざわざ引っ越してきた生徒もいたくらいだった。実際、僕自身も隣の学区から通う越境組である。

本丸中学校のバスケ部では、週に一度の休みがあった。ただし、土日はほぼ対外試合をしていた。練習試合の申し出は多く、相手に来校してもらったり、こちらから遠征に行ったりと、何かと忙しい週末だった。

試合をするのは、やはり楽しかった。泊まりがけの遠征をすることもあり、そうなると部員たちと大部屋で寝泊まりができる。好きなバスケができて、しかも旅行気分が味わえるとなれば、楽しさは倍増した。強豪校だったので、新入生たちは、どんなに厳しい練習をしているのだろうかと最初のうちは緊張していたようだが、練習をしていくうちにそうした緊張感は消えていった。実際、ひたすらダッシュをさせられるような練習もなく、ヘトヘトになるまでしごかれるようなこともなかった。中学校の

03

3年間で、「練習がきつい」と嘆いている部員の声を聞いた覚えは一度もない。

以前の父親は、比較的厳しい練習を課すコーチだったらしい。しかしいろいろと熟考を重ねた結果、厳しく指導するスタイルから、選手自身で考えさせるスタイルに変えていったらしい。**もちろん、厳しく指導するときもあったが、自主性を尊重して、選手同士で考えさせてプレーさせる側面が強かった。**ボールを必死に追わなかったり、すぐにディフェンスを諦めてしまったりといった気を抜いたプレーは、学生だけでなく、プロの世界でも叱られる。**ただし、プレー中のパスミスなどは、誰もやろうとして犯しているわけではない。これをいちいち指摘して叱りつけるようなら、選手は萎縮《いしゅく》していくばかりで決していい結果に結びつかない。**父親はそう考えたという。

父親は、学生時代、日本体育大学のバスケットボール部に所属していたが、スタメンで試合に出場するような選手ではなかったそうだ。その後、大学を卒業すると、出身地である新潟県に戻り、体育の教師を務めていた。

父親が指導スタイルを変えてくれていたのは、僕にとって幸いだった。パスミスなどの細かい点を突かれて毎回怒られていたとしたら、バスケをするのが嫌になっていた可能性もある。もちろん、細かい点以外ではたまに注意されることはあった。ただし、そうなるとどうしても父親と息子という関係に戻ってしまい、なかなか「すみませんでした」という態度はとれなかった。

一方で、同級生たちは父親から指導を受けると、「はい！」と言って素直にしたがっていた。それがどうしてもできない僕は、ろくに返事もせず、うなずく程度でやり過ごしていた。確か2年生のとき、バスケのプレーで厳しく注意されたことがあり、顧問である父親からユニフォームをつかまれることがあった。僕は覚えていないのだが、同級生によれば、父親の手を払って反抗していたそうだ。

父のほうは、コート上では監督と選手という関係を心掛けていたとはいえ、僕のほうは、やはりまだ中学生で子どもだったのだろう。監督といえども、僕にとっては父親だという意識が抜け切れていなかった。最後の最後まで「顧問と選手」という関係になれないまま、卒業してしまった気がする。

中学校では、3年連続で全国中学校バスケットボール大会（全中）に出場した。成績は、1年生時と2年生時が3位、3年生時が優勝という成績だった。しかも3年生のときの全中は地元開催であり、そのなかで優勝できたのは本当に嬉《うれ》しかった。

同級生たちの多くは、1年生で入部した時点から3年生のときに地元で全中が行な

03

われることを知っていた。そこを目標に3年間練習していたので、この大会に際してはかなりの気合いが入っていた。僕自身も、絶対に優勝したいと思っていた。父親もそれまで全中を制した経験がなかったので、間違いなく狙っていたはずだ。結果として初優勝となり、僕ら全員にとっていい思い出になった。

あの年のチームは本当に強かった。誰もが優勝できると信じて疑わなかったくらいだ。それもあり、「やっと優勝できて嬉しい」というよりも、「やっぱり優勝できた」という感覚が上回った。それくらいチームには自信があふれていた。実際、練習試合では何度か負けることはあったものの、公式戦ではほぼ無敗の状態だった。

このときの優勝メンバーは、皆バスケがうまかった。ところが、いまも第一線でバスケをプレーしているのは、僕しかいない。優勝チームのメンバーだったので、高校の進路については非常に恵まれていた。彼らのほとんどが、福岡第一高校や明成高校など、全国有数のバスケ強豪校に進学していった。さらに大学でもバスケを続けた仲間は多かったが、皆そこで辞めてしまった。

高校でアメリカに行ってしまった僕にとって、日本の同級生といえば、小学校、中学校の同級生しかいない。日本での学生時代の友だちは彼らしかいないため、彼らは僕にとって大切な存在だ。

全国優勝を経験したこともあり、僕はこのころから「将来はプロになりたい」という思いを漠然と抱き始めていく。ただ、当時はまだBリーグは存在せず、国内のトップリーグといえば、JBL[*5]とbjリーグ[*6]という2つのリーグが並存している状況だった。

このころは、まさか自分が数年後にNBAに挑戦するようになるとは思ってもいない。NBAは別格であり、はるか遠い世界にある存在だった。しかし僕は中学卒業後、少しずつその世界に近づいていくことになる。

＊5　2007年に、プロリーグ化を前提に発足したセミプロリーグ。実業団リーグである日本バスケットボールリーグ（日本リーグ）1部が前身で、主に、トヨタ、東芝、日立など企業を母体に持つチームで構成されていた。Bリーグ発足前、2013〜16年は、NBL（ナショナルバスケットボールリーグ）と、名称が変更されている。

＊6　Bリーグ発足前、2005〜16年に存在した、日本初のプロバスケットボールリーグ。主に、地域に根差し、企業から独立して運営されるプロチームで構成されていた。

04

意外な一言が進路を決める

中学校生活が終わりに近づくにつれて、僕は進路先を決める必要に迫られた。高校でもバスケットボールは続けるつもりだったので、その点を主眼に置きながらの進路先探しとなった。

まずは、強豪校である福岡県の福岡第一高校、宮城県の明成高校、宮崎県の延岡学園高校の3校を視野に入れてみた。延岡学園高校の系列校に尚学館中学校があり、これまでに何度か対戦していた。試合を通じて尚学館の選手たちと会っているうちに、彼らの何人かとは友だちになっていた。

あるとき進路の話をしていると、尚学館中学校のバスケ部のほとんどの選手が、系列校である延岡学園高校に進学する予定とのことだった。それを聞き、自分も延岡学園高校に進学しようかと考えたりもした。

引き続き思案をした結果、第1志望に決めたのは福岡第一高校だった。この学校のバスケは、アグレッシブなスタイルが特徴だった。個性的な選手が多く、あえて言えば、粗削りなプレーヤーが集まっているイメージがあった。事実、選手たちを見てみると、いかにも屈強そうな面構えをしていた。

「自分の個性を活《い》かせるのは、福岡第一しかない」

そう考えるようになったのだ。

各都道府県で選抜チームを結成して行なわれる、都道府県対抗ジュニアバスケットボール大会でも、福岡県のチームはいつも強かった。現在、Ｂリーグの各チームを見ても、福岡県出身のプレーヤーが多い。バスケが盛んな地域であることは、やはり魅力的だった。

ところが、福岡第一には、「いや、待てよ」と思ってしまう要素があったのだ。

福岡第一高校のバスケ部の監督は父親の大学の同級生で、仲がよかった。僕が中1のころから毎年福岡に行き、福岡第一の高校生たちと練習試合をするほどの親密さだったのだ。家族ぐるみのつき合いなので、小学生のころに、監督の家に泊めてもらうこともあった。

全中で優勝したという実績からすれば、福岡第一高校への推薦入学は十分に可能

04

だったかもしれない。だが、実際にその道を選べば、父と近しい関係にある監督のチームでプレーすることになる……。よく考えてみると、その状況だけは避けたいという気持ちがどこかにあった。

父親が顧問を務めるチームでずっとプレーするという状況が嫌だったわけではないが、やはり時折、やりづらさを感じた。福岡第一に進学するとなれば、また似た状況になってしまうのではないか。そう思ったのだ。

「あえてこちらから声はかけないが、来るというなら受け入れる」

先方は、こんな感触だった。おそらく福岡第一の監督は、小さいころから知っている友人の子どもを預かることに、一抹のためらいを感じていたのではないか。自分も同じことを考えていたので、その感覚はよく理解できた。

「いったいどこに進学すればいいのだろう……」

一度は決めかけていた進路だったが、ここへ来てまた振り出しに戻ってしまう。

そんな折、地元新潟で全中優勝の祝賀会が開かれた。その会場には、父親の知人で当時、JBLのオーエスジーフェニックス東三河（現・三遠ネオフェニックス）を率いていた中村和雄ヘッドコーチも足を運んでくれていた。

中村さんについて少し紹介すると、これまで高校女子、日本リーグ女子、b・jリーグなど、さまざまなカテゴリーで何度も日本一になり、女子の日本代表監督も二度経験している。バスケ界では非常に有名な監督で、父も、バスケ指導者になるにあたり、相当薫陶《くんとう》を受けたようだ。僕自身も、子どものころから父と一緒に会う機会が何度もあった。

祝賀会会場で、さっそく挨拶《あいさつ》に行くと、「高校はどこに行くんだ?」という質問を受けた。

「まだ決めかねています」

僕がそう答えると、中村さんは、中学校を卒業して単身ブラジルに留学したサッカーの三浦知良選手の話をしてくれた。**そして一言、「アメリカに行ったらいい」と言ったのだ。**いきなりそんな話をされた僕は、その場では単なる冗談として聞き流した。

その後も、すぐに「アメリカに行きたい!」と思ったわけではない。

「アメリカか……。それもありかな」

その程度の気持ちだった。

04

祝賀会が行なわれたのは、確か9月のことだった。その後、日が経《た》つにつれて、アメリカに行くという考えが徐々に強くなっていく。

さらに11月になると、気持ちは大きく傾き、僕は父親の知人の息子の大学生と一緒にアメリカに行くのだ。**このときはすでに「アメリカの高校に行く」と決心を固めており、下見を兼ねた渡米だった。**

大変だったのは、アメリカから帰ってきてからだった。

アメリカに行くと決めたからには、まずは学校を探す必要があった。アメリカの高校についての情報は一切ない。どうにもならないので、中村さんの知り合いで英語ができる人にリサーチしてもらい、ネバダ州ラスベガスにあるフィンドロス・プレップスクール（大学進学を目的とする寄宿制の私立高校）とメリーランド州ロックビルにあるモントローズ・クリスチャン高校の2校を選択肢とした。

この2校はどちらもバスケの強豪校とのことだった。しかし、実際に現地に行ってみないと様子は分からない。そこで、翌年の1月に再び渡米し、まずはフィンドロス・プレップスクールを訪れた。このときはあいにく冬休み中で、チームの全体練習は行なわれていなかった。そこで僕はコーチとの1対1のワークアウト（実技テストを兼ねた個人トレーニング）を行なった。幸い、コーチから高い評価をもらい、入学許可を得ることができた。

一度日本に帰国し、翌2月に今度はメリーランド州のモントローズ・クリスチャン高校に下見に行った。こちらの学校では、チームの全体練習に参加できた。

僕の練習を見たコーチは、ありがたいことに僕のバスケの能力に非常に高い評価を与えてくれた。そのおかげで、モントローズ・クリスチャン高校からも無事に入学許可をもらうことができた。

全中を終えてから卒業するまでの6カ月間は、日本とアメリカを行き来する忙しい日々が続いたのである。

05

ミーハー心も大事な要素

僕の進路について、父親は基本的に「好きな道を選べばいい」という姿勢だった。一方、母親は、予想もしていなかった決断に驚いたようで、心配で仕方なかったようだ。進路の話になると、「えー、本当に行くの？」と何度も何度も繰り返し聞かれるような状況だった。その数は少なくとも100回を下らないだろう。

反対はしなかった父親だが、「チャレンジしてみたらいい」とか、「頑張れ」という感じでもなかった。もともと、そういうタイプではないのだ。

「どこに行くんだ？」

「アメリカに行こうと思ってる」

「おお、そうか」

これでおしまいだった。

フィンドロスとモントローズ。どちらを選ぶべきなのか。

両校とも高校バスケでは強豪校と言われる学校だとは聞かされていた。

フィンドロスは比較的新しい学校だったが、常に全米トップ３に入るようなところだという。事実、僕と同年代でフィンドロスを卒業した選手が、ＮＢＡで３人くらいプレーしている。

一方、モントローズも強豪とのことだった。この高校には、かつて３人の日本人が在籍していた。１人はＢリーグのアルバルク東京でヘッドコーチを務めていた伊藤拓磨さんだ。もう１人は、僕がのちに所属することになるＤリーグ（ＮＢＡの下部組織。現・Ｇリーグ）テキサス・レジェンズでスタッフとして働いている。最後の１人は、モントローズからコロンビア大学に進学し、ＮＣＡＡ[*7]のディビジョン１でプレーした経歴を持つ松井啓十郎選手（現・京都ハンナリーズ）だ。

どちらの高校に進学するかしばらく迷ったが、最終的に僕は日本人の受け入れ実績があるモントローズ・クリスチャン高校を選ぶことにした。

実はもう１つ、モントローズを選んだ理由がある。この高校は、ＮＢＡでも史上最

05

高のスーパースターであるマイケル・ジョーダンのブランドであるジョーダンブランドがスポンサーをしている数少ない高校だったのだ。当時、ジョーダンブランドがスポンサーしている高校は、全米でも3校しかなかった。**表向きには「日本人の受け入れ実績がある」ことを理由としていたが、本当はジョーダンブランドに惹《ひ》きつけられて、という要素のほうが大きかった。**

正直なところ、中学生の僕にとって、どちらの高校のほうがいいかなんていう判断は難しかった。しかも外国の学校であり、土地勘もない。ネバダがいいのか、メリーランドがいいのか。そういうことはまったく分からなかった。

フィンドロスのほうはナイキがスポンサーをしていたが、当時の僕にとっては、やはりジョーダンブランドのほうが魅力的だった。

高校のバスケ部にスポンサーがつくというのは日本ではありえない話だが、アメリカでは珍しくない。

そのおかげで、選手たちはユニフォーム、シューズ、ソックスといったすべてがスポンサーから提供されていた。

当時、日本でジョーダンブランドを手に入れるのは相当難しかった。セレクトショップをいくつも探して、運がよければ手に入るという希少さだった。

ところが、モントローズでは、黙っていてもジョーダンブランドが手に入るのだ。バスケ好きの15歳にはこれだけで十分すぎるほど魅力的に映った。

モントローズのチームカラーは緑だった。それに合わせて緑色のシューズが支給される。そのジョーダンブランドのシューズには、自分の名前が刺繍《ししゅう》されていた。これを受け取ったとき、「モントローズを選んで本当によかった」とつくづく思った。

このとき支給されたジョーダンブランドのシューズやユニフォームは、僕にとっては非常に貴重なものだ。プロになったいまも、これらは大切なコレクションとしてしっかりと保管している。

＊7　全米大学体育協会。アメリカの大学のスポーツクラブを統括する組織。バスケットボールの場合、ディビジョン1からディビジョン3まで3つのリーグがあり、ディビジョン1が最高のリーグである。ディビジョン間の入れ替えは基本的にない。また全米ナンバーワンを決めるNCAAトーナメントに進む資格があるのは、ディビジョン1の大学だけである。よって、アメリカの大学からNBAに進む選手は、ディビジョン1に所属する大学の出身者にほぼ限られているのが現状である。

06

TOEFL〝8点〟からの英語上達法

モントローズ・クリスチャン高校に入学する前の段階で、僕は学校側からTOEFLという英語能力検定試験を受けるよう指示されていた。どれくらいの英語力があるのか確かめたいとのことだった。

そこでさっそく、このテストを受けてみた。**すると、120点中8点という非常に芳しくない結果が返ってきたのだ。**

この結果を見た学校側は、バスケ部のコーチに対して「こんな生徒は受け入れられない。英語をまったくできない人間が、どうやってアメリカで生活していくのか？」と詰め寄り、入学許可を取り消そうとしたらしい。だが、僕のバスケットボールの能力を高く評価していたバスケ部のコーチが学校側に働きかけてくれた結果、無事入学を果たせたのだった。

心機一転。2009年8月末になり、いよいよモントローズ・クリスチャン高校での新学期がスタートした。もちろん、初めての海外での学校生活である。

高校からアメリカに行くくらいだから、英語が得意だったのだろうと思う人もいるかもしれない。だが、そんなことは一切なかった。中学英語でさえもおぼつかない状態での渡米だったので、最初のころは本当に苦労した。

高校での授業は、当然ながらすべて英語で行なわれた。しかし、先生が何を言っているのかまったく分からない。**つまり、「全部分からないから、何が分からないかも分からない」という、シャレにもならない状況だったのだ。**

仮に日本人が僕の他に1人でもいれば助け合うこともできたのだろうが、日本人のみならず、日本語ができる人もいなかったので相談すらできなかった。おそらく僕とコミュニケーションをとらなくてはならない人たちもかなり苦労したと思う。

英語による授業がまったく理解できないため、僕は教科書に書いてある文章を翻訳サイトに打ち込んで、どうにか意味をつかむという方法を取り入れた。

ただし、当時の翻訳機能はいまと比べるとまだ頼りなくて、正確に理解するのは難しかった。それでも理解の手掛かりにはなるので、翻訳機能を多用してどうにか授業

06

についていくようにした。宿題に関しては、毎回、先生のところに直接聞きに行き、助けてもらった。

学校の先生は、誰もが親切で優しかった。これには本当に救われた。授業が終わると先生のところに行き、個別に相談すると必ず親切にアドバイスしてくれたのだ。

この高校の規模がとても小さかったのも、いま考えればプラスに働いたのだろう。1学年20人ほどしかおらず、4学年だったので、全校でも100人足らずだった。

アメリカの学校は、どこも勉強とスポーツのバランスを重視する。僕の高校もそうだった。たとえば、授業の評価でF（不可）をもらうと、部活動を中断しなければならない。仮にそうなってしまえば、何のためにわざわざアメリカまで来たのか分からなくなってしまう。

だが、それでも一度F評価をもらってしまい、1週間の部活動停止処分を受けたことがある。まったくあきれてしまうのだが、このとき僕は、そんな制度があることすらも理解していなかった。ある日、コーチから「今日から1週間、練習できないぞ」と言われてきょとんとしていると、「学校の成績でFを取ると、練習ができないんだよ」と説明され、初めてこの制度の存在を知ったのだ。しかも、コーチからの説明をなかなか理解できず、説明を繰り返してもらってやっと理解するというありさまだった。

その後は、何としてでもFを取らないように気をつけて、小テストやテストで及第点を取れるように勉強にも力を注ぐようになる。**分からない事柄があると、すぐに先生のところに行き、たどたどしい英語で質問するよう心がけた。**

アメリカの高校では、授業に対する評価のつけ方が先生によって微妙に異なる。ある先生はテストの結果を重視するかと思えば、他の先生はテストには3割ほどしか重きを置かず、宿題や課題への取り組み、授業中の発言を重視したりする。

僕は言葉のハンデをカバーするために、それぞれの先生の傾向を的確につかむようにして、Fを取らないために効率的に勉強に取り組もうと心がけた。

アメリカの学校のいいところは、やり直しを認めてくれるところだ。たとえば、提出した宿題が正確にできていないとしても、それを直して再提出すれば、修正したものを評価対象としてくれる。こうしたやり直しを認めてくれる方針は、僕にとってとてもありがたかった。

07

「挑戦」という意識を持つ

学校が始まってからは、毎日がとにかく目まぐるしかった。正直なところ、身の回りでいろいろな物事が展開していったため、アメリカ1年目の最初の数カ月の出来事はほとんど覚えていないほどだ。

バスケ部の寮に入った僕は、そこから学校に通っていた。寮とはいっても、学校から200～300メートルほど離れたところにある一軒家である。

この家に住んでいたのは、僕のような留学生の他、実家が学校からは遠く、そこからは通うのが難しい5、6人のバスケ部員たちだった。寮母さんのような女性が1人いて、彼女が毎日、僕たちの食事をつくってくれた。

ここに引っ越してきたばかりのときは、英語での会話がまったくできなかったので、正直「これからどうなるのかな」という思いはあった。**ただし、ポジティブな性格から「どうにかなるだろう」という気持ちも強く、不安は特に感じなかった。**

実際に寮生活が始まると、一緒に暮らすバスケ部員たちは、僕のでたらめな英語を面白がって、わざと汚い言葉を言わせたりして楽しんでいた。

在学していた3年間で生活を共にした留学生は、ベネズエラ人、デンマーク人、ナイジェリア人、プエルトリコ人などだ。

寮での生活は、とにかく面白かった。それぞれ出身地は違えども、やはり同年代の若者であり、しかもバスケという共通点もある。お互いに打ち解けてふざけ合って遊べるようになるまでに長い時間は必要なかった。

同じ家で生活していれば、スーパーに買い物に行くのも、食事をするのも一緒だ。夜遅くまでリビングでスポーツ専門チャンネルのESPNを皆で見ながら、ポップコーンやピザを食べて過ごすような日々は、本当に楽しかった。

食生活についても、何の抵抗もなく受け入れられた。僕の場合、むしろ日本食よりもアメリカの食事のほうが合っていたくらいだ。日本にいるころから、僕は肉とじゃがいも料理が好きだった。そのため、ステーキはもちろんのこと、マッシュポテトやフライドポテトなどが続いてもなんら苦ではなかった。ハンバーガーやサンドイッチも大好きで、とにかくアメリカの食事が口に合った。

07

問題と言えば、それはやはり言葉だった。**しかしこれも、仲間たちと共同生活をしているうちに徐々に慣れていき、入学してから3カ月くらい経ったころには、相手の言っていることが何となく分かるようになってくる。**

しかしこの時点ではまだ聞くのに慣れただけで、話したいと思っても自然に言葉が出てくるようにまではなっていない。

やはり、たどたどしい英語で話すことに恥ずかしさのようなものがあった。話そうとしても、どうしてもためらってしまう自分がいたのだ。もともと僕は、おしゃべりな人間ではない。しかもどちらかというと、シャイな性格でもある。そんな僕が、間違っているのが分かっているのに、あえて英語で話そうという気にはなれなかった。

ところが入学してから1年くらいが過ぎると、その恥ずかしさが嘘《うそ》のように消えていった。まだまだ英語を使いこなせるとは言い難かったが、自分のほうから誰にでも話しかけられるようになっていた。

これは大きな変化だった。アメリカに行って僕の性格は変わったと言っていい。積極的に自分を前面に出せるようになったのだ。

そうなれたのは、バスケのおかげでもあった。僕のポジションは、チームの司令塔

07

的存在であるポイントガード[*8]。オフェンスの際、味方に指示を出して動かし、ゲームをコントロールしていくのがその役割である。

「おまえはポイントガードなんだから、もっとリーダーシップをとってゲームを進行させろ」

コーチからはこれをよく言われた。となると、嫌でも英語を話し、チームメイトとコミュニケーションを図る必要がある。**リーダーシップのとり方は、僕がアメリカの高校生活のなかで学んだ大きなものの1つとなった。**

バスケの練習についても、僕はアメリカのやり方に触れていく。

日本の場合、練習時間が長すぎるという面がしばしば指摘される。中学くらいまでは練習が長時間に及ぶケースは少ないのだが、高校に入ると一気に練習時間が増える傾向があるようだ。

僕はアメリカの高校に進学してしまったため、日本の高校での部活事情は体験していない。だが、日本の高校に進学した選手たちから話を聞くにつけ、アメリカの高校と状況が大きく異なっているのがよく分かった。

僕が通っていたモントローズ・クリスチャン高校はバスケの強豪校でありながら、1日の練習は2時間ほど。どんなに長くても2時間半で、それ以上長引くことはなかった。当然、週末は休みだった。

一方、日本の場合、週末も練習をするのが普通だという。しかも土日は朝から夕方まで弁当持参で練習する。1日練習なんてアメリカでは絶対に考えられない。僕は、性格的に、人から強制されることが嫌いだ。だから日本の長時間の練習に耐えられる自信はない。アメリカの高校に行ったおかげで、僕はバスケを嫌いにならずに続けられたのだと思う。

何をするにしても、メリハリは大切だ。一定期間、あえて好きなものから距離を置くことで、再び夢中になって取り組めるという面もあるだろう。そういう意味では、僕にはアメリカ式の練習方法が肌に合っていた。

最初は多くの人に「無謀」と映った僕のアメリカ留学だった。正直、僕自身、アメリカでも通用するという確信があって、留学を決めたわけではない。だが、根底に、できるだけ高いレベルの環境にチャレンジし、バスケがうまくなりたいという意識

07

はあった。いま振り返れば、アメリカ留学は僕にとって、「無謀」ではなく、「挑戦」だったことがよく分かる。

何か新しい物事を始めようとする際、周囲から「無謀」だと言われ、諦めてしまう人も多いかもしれない。ただ、そのときにふと立ち止まって考えてみてほしい。それは本当に「無謀」なのか、それとも「挑戦」なのかと。

それが「挑戦」であれば、必ず何かを得ることができるだろう。

＊8 バスケットボールでは、一般的にポイントガード（PG）、シューティングガード（SG）、スモールフォワード（SF）、パワーフォワード（PF）、センター（C）の5つのポジションに分けられる。うち、PGは主に、自陣からドリブルで相手陣にボールを運び、いい状態でシュートに結びつけるよう味方にパスを供給するなど、ゲームをコントロールする役割を担う。

MUSTAN

08

慣れこそものの上手なれ

バスケットボールというと、背の高い人がやるスポーツと思っている人は多いはずだ。だが、僕はそのイメージからは遠くかけ離れている。身長167センチの僕は、バスケ選手としてはかなり小さい。

身長については、これまで数えきれないほどの質問を受けてきた。これはもう避けては通れない道だと思い、諦めている。

ポイントガードは、比較的身長の低い選手が務めるポジションと見られてきたが、現在の傾向としては、このポジションも大型化が進んでおり、世界的に見れば、2メートルを超える選手がポイントガードを務めるケースも少なくない。

もちろん、バスケをする限り、身長が高ければ有利なことは間違いない。僕自身、「身長がもっと高ければよかったのに」とは思う。

背が高ければ、コートの中で見える世界が違ってくるだろう。視野も広がり、パスコースにも幅が出てくるし、相手より背が高ければシュートをブロックされることも少なくなるだろう。

しかし、背を伸ばすためのトレーニングなど存在しないし、僕としては自分の身長を受け入れて相手と勝負していくしかない。この状況はもう「60キロ級の柔道の選手が100キロ超級の選手と試合をしているようなもの」だと僕は勝手に解釈している。

とはいえ日本にいる間は、さほどハンデは感じなかった。日本の中学生のポイントガードで、180センチを超える選手など、まず存在していなかったからだ。

その状況は、アメリカの高校に留学した途端に一変した。

渡米して1年目、バスケットボール部のスタメンのポイントガードの身長は190センチだった。チーム内の練習では、その選手にマッチアップ[*9]することになる。それまで、自分より20センチ以上も高い選手を相手にすることはなかった。このとき僕は、これまでとは完全に環境が異なることを実感した。

それでもまだ身長については、ある程度想像していたことではあった。実は、さらにそれとは違うところで驚かされている。**それは「痛み」だった。**

08

それまでは、バスケをしていて「痛い」という感覚を抱いた経験はなかった。それが、アメリカに来てバスケをプレーするたびに、痛みに悩まされることになるのだ。

試合中に選手と接触すると、とにかく痛いのだ。

まず、チームメイトにしろ、対戦相手の選手にしろ、ただ背が高いというばかりでなく、日本人と比べて筋肉も厚く、骨も太い。

また、**アグレッシブさが日本と桁外《けたはず》れだった。**日本では、相手の選手が激しく当たってくるケースはほとんどなかった。そのため、僕の体は接触に慣れていなかったのだ。アメリカでプレーしている選手は、相手との接触を厭《いと》わない。相手を弾き飛ばすくらいの勢いでぶつかっていかないと勝負できないという意識が叩《たた》き込まれているのだ。

これには、最初は面食らってしまった。

だが、バスケを中心とした生活が1カ月ほど過ぎたころ、自分の変化に気づいた。そうした環境で毎日の練習を続けているうちに、いつのまにか相手からの強い当たりにも慣れ、あれほど痛いと思っていた感覚が消えていたのだ。

渡米後、ウェイトトレーニングはずっと続けていた。だからと言って、筋肉が急激についたわけでも、体重が増えたわけでもなかった。つまり、毎日の練習を通して体が慣れたのだ。人間の順応力に僕は、ただただ驚くばかりだった。

渡米1年目は、練習をこなすのに精いっぱいで、余裕はあまりなかった。それでも少しずつ手応えを感じ、体が慣れていく。身長が高くなることはなかったが、1カ月、2カ月と経過するうちに、体が新たな環境にアジャストされていくのがよく分かった。**最初はどんなにつらいことでも、時間の経過がもたらしてくれる慣れによって、人の感覚は変わっていく。**これは、誰にでも言えると思う。

その後、現在までのバスケ人生で新たな環境に飛び込むとき、こうした経験は大きな支えになった。新たな場がどんなに大変な環境でも、時間の経過に伴い、体も意識も徐々に順応していくものなのだ。

高校でのあの体験以来、僕はそう考えるようにしている。

＊9　1人の相手選手に対し、1人で対峙《たいじ》すること。

2008-2009
STATE CHAMPIONS
BOYS FOOTBALL D-II
STATE CHAMPIONS
BOYS VOLLEYBALL
GIRLS WATER POLO
BOYS SOCCER
BOYS GOLF
MONTROS
23
CHRIST

CHAPTER 2

プロリーグ、そして海外挑戦での学び

09

チャンスは逃さず活かし続ける

3年間の高校生活のあと、僕が目標としていたのは、NCAAのディビジョン1に属する大学への進学だった。しかも、学費が全額免除される奨学金の獲得を目指していた。仮にそれを得られなければ、大学には進学しない覚悟を固め、バスケに向き合っていたのだ。

結果的に高校卒業時点で学費全額免除でのオファーは受けられず、僕は日本への帰国を決めている。

自分としてはすでに割り切った気持ちであり、これについて後悔はなかった。だが、バスケ部のアシスタントコーチが残念がり、ありがたいことに短大やディビジョン2に所属する大学に残ってプレーをするよう勧めてくれた。

短大やディビジョン2であっても、アメリカのレベルはかなり高い。そのアシスタントコーチはいろいろと考えてくれ、1年だけ短大に通って、その間にディビジョン

1に属する大学へ転学する可能性を探るという方策を提示してくれた。

「1年だけ残って、それでチャンスに巡り合えなければ、日本に戻ってプロになればいいだろう」

こう言ってくれたのだ。

彼の言葉には説得力もあったし、何よりも僕のために熱心に動いてくれることがありがたかった。ただし、当初から学費全額免除のディビジョン1を目指してきたので、それに届かなったという事実を冷静に受け止め、一度仕切り直しをする気持ちに変わりはなかった。

実は、いくつかのディビジョン1の大学からオファーは届いていた。しかし、学費の全額免除を約束してくれるものではなく、一部免除という条件だった。

これでは当初の目標を達成したことにはならないし、単にチームに入れてくれるというレベルでは、仮にその大学に行ってもベンチ入りして試合に出られる保証はない。

もちろん、ベンチスタートから始めて、試合に出られる努力をするという手もあった。だが、やはり僕は最初の決断にしたがった。**3年間という時間を使っても目標に届かなかったという事実は大きく、僕は自分の考えを変えなかったのだ。**

09

2012年5月、アメリカの高校を卒業した僕は、日本でバスケをプレーするために戻ってきた。その時点でどこかのチームとの契約が明確に決まっていたわけではなく、完全にフリーの状態での帰国だった。とはいえ、まったくあてがなかったわけではない。

当時、アメリカ留学を勧めてくれた中村さんが、bjリーグの秋田ノーザンハピネッツでヘッドコーチを務めていた。僕の父親は中村コーチと親交があり、僕自身も中村コーチとは幼いころから面識があった。そのつながりから、非公式ではあったが「秋田に来ないか」という話をもらっていたのだ。

何の実績もない19歳の選手に声を掛けてくれたことに僕は感謝するばかりだった。当然、断る理由はどこにもなかった。

これとは別に、NBL(旧JBL)のチームからのアプローチもあった。**しかし、日本でプレーするのであれば、中村さんのもとでプレーしたいという気持ちが僕のなかでは大きく、他のチームでプレーするという選択肢はあまり考えていなかった。**

このとき僕は、アーリーエントリーという制度を利用して秋田ノーザンハピネッツに入団している。この制度は何度かの改正を経たのちに、有望株とされる、その年に卒業予定の大学生と高校生との早期契約を可能にする仕組みとして機能していた。

アーリーエントリーを利用すれば、トライアウトやドラフトを経ずにチームに入団できる。これは僕にとってはありがたいことだった。ただし、3月に卒業を迎える日本の学校に通う学生を対象にしてつくられた制度のため、チームとの契約が正式にスタートするのは2月からとされていた。

このため僕は、10月にシーズンが開幕してからもしばらくは試合に出られず、翌年2月まで待たなくてはならなかった。

日本に帰ってきたのはいいが、何もすることがなく、練習もほとんどしない日々が続いた。12月になってチームの練習に徐々に合流し始め、1月からは本格的に練習に参加し、2月に向けて万全の態勢を整えていった。

2月、ようやく試合に出られるようになると、僕はすぐにスタメンで起用され、40分間、フル出場させてもらった。

いま考えると、何の実績もない僕がいきなりフルで起用されたというのは、実に稀《け》有《う》なことだったと思う。

09

仮に現在所属している千葉ジェッツふなばしに何の実績もない19歳の選手がやってきたとしよう。その選手がいきなり試合に出ることなど、まずありえない。

2019-2020シーズン、福岡第一高校の河村勇輝選手（現・東海大学）がBリーグの三遠ネオフェニックスのスタメンとして起用され話題になったがこうしたことは非常に稀《まれ》で、当時としても、僕が試合に出られたのは、異例中の異例だったのだ。

中学時代、僕はバスケ部の顧問だった父親から抜擢《ばってき》され、1年生のころからレギュラーとして試合に出させてもらった。さらにプロになると、今度は幼いころから面識のあるコーチに重用されている。

これまでのバスケ人生では、自分に近しい指導者から通常ではなかなか考えられない待遇を受けるという機会に恵まれてきた。しかし幸いなことに、それを「えこひいき」や「公私混同」と捉えられ、激しい批判を浴びたことはない。

1つだけ言えるのは、そうした機会を与えられたからには、期待を裏切らないプレーをし、周りから認めてもらうために全力を振り絞ってきたということだ。

仮に僕が期待に応えられなかったら、その後の試合に出させてもらえなかっただろうし、周囲からは批判が噴出していただろうし、その矛先は父や中村さんにも向けられたはずだ。それを避けるために、僕は全力を傾けてプレーした。結果、そのシーズン、僕は1試合平均14・3得点、6・1アシストという成績を残し、チームもセミファイナルまで進むことができ、新人賞も獲得することができた。

誰であっても、人生のなかでは絶好のチャンスに巡り合うときがやってくる。そうなったら、そのチャンスを逃さずに、しっかりとつかみ取ることが大切なのだ。

巡り合えたチャンスを最大限に活《い》かせれば、再び別のチャンスが巡ってくるはずだ。そしたらまたそのチャンスを活かしていけばいい。

このサイクルを上手に回していければ、自分が望んだ状態のなかにいつまでも浸っていられるのだ。僕はそう信じて、いつもバスケに向き合っている。

10

厳しい指導を乗り越えたときに生まれる究極の「自信」

19歳になったばかりの若手選手が、日本のプロリーグで、いきなりスタメンとしてプレーし始める——。

珍しい状況だったかもしれないが、戸惑ったりはしなかった。すでにチームの練習には参加していたので慣れていたし、アメリカ留学時代は、数年後にはNBAで活躍していてもおかしくないような選手たちとずっとプレーしてきたのだ。その経験が自信となり、怯《ひる》むことなく試合に臨めた。

当時、秋田ノーザンハピネッツは創立から3年目の若いチームだった。チームには高卒選手がおらず、チームメイトは年上の人ばかりだった。その後、中村コーチの後任としてヘッドコーチに就任する長谷川誠さんは、日本国内では初のプロ契約を結んだ選手で、日本代表にも何度も選ばれており、長年日本のバスケ界を引っ張ってきた選手だった。日本人初の海外プロリーグに所属した人でもある。その長谷川さんも、僕が秋田に入団したときはすでに40歳を超えており、現役最後のシーズンを迎えていた。僕は長谷川選手と半年だけ一緒にプレーする機会を得られた。

2020年からBリーグ・愛媛オレンジバイキングスのヘッドコーチを務める庄司和広さんも当時38歳。その他の選手も30代の人たちが多かった。こうしたチームメイトのなかに、未成年だった僕が加わったわけだが、幸い、すぐに溶け込めた。

一度でもチームメイトとしての関係を築くと、いくら年が離れていても友だちのようにつき合えるという利点があるような気がする。

長谷川さんとはいまでも仲良くさせてもらっているが、当時、仮に長谷川さんが選手ではなく、チームのアシスタントコーチのような立場にいたとしたら、距離ができてしまっただろうし、いまのようなフランクな関係は築けなかっただろう。

すでに現役を引退し、指導者となっている大先輩たちと現役時代に知り合い、親しいつき合いができているのは本当にありがたいと思っている。

これには、僕がアメリカに留学していたという事実が有利に働いたという側面もある。高校の3年間だけだったが、一応アメリカから来た選手だったので、いろいろ許される雰囲気があった。

10

「あいつはアメリカで暮らしていたから、しょうがない」

こんな〝免罪符〟を与えられ、年長の選手たちも、失礼なことがあったかもしれない僕の態度を大目に見てくれた部分もあったのだろう。

もちろん、バスケはしっかりとプレーしていた。ここも大きかったと思う。下手くそにもかかわらず、大きな口を叩《たた》いていたら、誰も相手にしてくれなかっただろう。これではただの〝勘違い男〟になってしまう。

しかしそうならなかったのは、**試合時間40分のうち、35分以上は試合に出て結果を出していたからだ。これは、リーグ全体を見渡しても、最も長い時間出場していたといえる。**その裏で出場時間を奪われている選手もいることになるのだが　これについても、不満を漏らすチームメイトはいなかった。

選手たちの間で不和が生じなかったのは、中村ヘッドコーチの存在に負う部分も大きい。とても厳しいコーチなので、チーム内での軋轢《あつれき》を見逃すような雰囲気は一切なかった。

仮に誰かが「どうして富樫だけ出場機会が多いんだ」という空気を漂わせようものなら、一瞬で喝破されてしまったはずだ。それほどの威圧感と存在感を放ち、独特のスタイルを貫くヘッドコーチだった。

中村コーチはかつて共同石油（現・ＥＮＥＯＳサンフラワーズ）を女子のトップチームに育て上げ、その当時から厳しい指導で有名な人だった。僕自身も子どものときからつき合いがあり、以前からその厳しい指導スタイルを見ていたので、多少免疫があったという部分もある。

選手としてプレーしていれば、時にコーチから怒鳴られ、それに対して選手たちがムッとする場合もある。**さらに僕の場合、コーチに言われたからといって、すぐにそれを聞き入れて、自分のスタイルを変えるような性格ではない。**

中村ヘッドコーチも僕のそんな性格を見透かしていたようで、「言いたいことは言うけど、オレの指示は聞き流してもいいぞ」と言ってくれたことがある。

「オレの指示を聞いてばかりだと、そこまでの選手にしかならない」

これが中村ヘッドコーチの考えていたことのようだ。

それでも練習や試合でミスをすると、やはり大きな声で怒られる。

細かいところでは、「あと10センチ立つ位置をずらせ」と言ったり、打てるシュー

10

トを一瞬でもためらうと、「何で打たないんだ」と怒鳴ったりする。

そんな中で日々練習を続けていると、そのうち中村ヘッドコーチの顔色を見ているだけで「ああ、怒りそうだな」というのが分かるようになってくる。あの独特の雰囲気は、日本に来て数年しか経っていない外国人選手ですら感じ取ってしまうほどだ。

通常、外国人選手たちは、ヘッドコーチが怒り出してもさほど気にしない人たちが多い。助っ人で来ている人も多く、ずっと日本にいるわけでもないので、コーチの怒りを軽く受け流してしまうのだ。そんな外国人選手でさえも、中村ヘッドコーチの顔色だけは窺《うかが》いながらプレーしていた。

ウォーミングアップ中のシュートは、ディフェンスがいないので絶対に外してはいけない。そんなとき、気を抜いて外国人選手が外してしまったりするときがある。すると、中村ヘッドコーチの顔色が瞬時に変わるのが分かるのだ。選手たちはそれに素早く気づいて、「やばいぞ」と思いながら気を引き締めていく。

あそこまでの緊張感を持ってプレーしているチームは、もはや存在しないだろう。

実は中村ヘッドコーチの存在が、チームをうまくまとめ上げていたとも言えた。

練習のときからピリピリとした緊張感を高め、ミスをすれば怒鳴るので、自然と「チームメイト」対「中村ヘッドコーチ」という構図がチーム内にできあがってしまうのだ。いわば、中村ヘッドコーチという〝手ごわい相手〟と対峙《たいじ》するために、チームメイトは常に一丸となれた。事実、僕たちチームメイトは本当に結束が強かった。

いまだに中村ヘッドコーチの下でプレーした選手が集まると、中村さんの話でめちゃくちゃ盛り上がる。「あれが大変だった」「こんなふうに怒られた」など、次から次へと思い出が語られる。そして誰かが思い出したように**「もう一度、中村ヘッドコーチの下でプレーしたいか?」と聞くと、全員が「絶対に嫌だ」と声を揃《そろ》えるのだ。そして最後に「だけど、あのときの経験はその後の自分のためになった」と皆で言い合って話は終わる。**

1年でも中村ヘッドコーチの下でプレーすると、それを一生忘れることはない。そして「あの経験をすれば、どのチームに行ってもプレーできる」という自信を授けてくれる。中村ヘッドコーチは、誰にとってもそんな影響力を持つ名コーチだった。

11

自分に合った生活リズムを見つける

プロバスケットボールプレーヤーは日々、どんな生活を送っているのか。バスケファンのなかには、そんな興味を持つ人もいるだろう。

これに関しては、プレーヤーによって大きく変わってくるというのが実情だと思う。とはいえ、同じ競技をする者同士として、ある程度の共通点はあるはずなので、ここでは僕の生活パターンを紹介してみよう。

現在の僕はいつも朝9時に起床する。そこから身支度を整えて、だいたい午前10時からウェイトトレーニングを開始する。これを1時間ほどこなし、午後1時から始まるチーム練習に備えて、昼食を食べる。

チーム練習は、個人的なシューティングなども含め、練習場所としている体育館が使える午後5時まで続く。その後、疲れや体に不調がある場合は、マッサージやケアを受けたり、アイスバスに入ったりしてコンディションを整えていく。これらを終えて、帰宅の途に就くのが通常の一日だ。

僕の生活で特徴的なのは、寝るのがすごく遅いということかもしれない。高校生くらいから夜の12時前に寝た覚えがないくらいだ。完全な夜型人間で、平気で朝まで起きていられる。したがって、寝るのはいつも午前2時か3時ごろになる。

睡眠時間が短くても、昼寝もしないし、睡眠不足を感じることもない。ただし、朝はいつもつらい。いくら早く寝たとしても、これだけは変わらない。とにかく朝が苦手なのだ。**ただし、シャワーを浴びればすぐに目が覚めるので、そこの切り替えはしっかりとできていると思う。**

以前、睡眠時間が短いのは体によくないと思い、トレーナーに相談して睡眠時間の改善を図ろうとしたことがあった。だが、あまりうまくいかず、効果もさほど感じなかったので、いまは特に何もせず、これまでどおり「眠くなったら寝る」という生活を続けている。

睡眠時間は短いままだが、睡眠の質を高めるために寝具選びには相当こだわっている。各メーカーの枕をいろいろと試した結果、寝具メーカーの西川の枕が自分にフィットした。以来、その枕をずっと使い続けている。

11

食事についても触れておこう。

僕は自他共に認める偏食家だ。まず、野菜全般が嫌いで、できれば食べたくないと思いながら過ごしてきた。

アメリカでの高校時代、食事ではよくシーザーサラダが出された。珍しくこれだけは口に合って、そのおかげでようやくレタスが食べられるようになった。アメリカ時代、ニンジンもよく出てきたため、どうにか食べられるようになったが、これはいまでもできれば避けたい野菜の1つだ。

比較的好きな部類の野菜は、ホウレンソウとブロッコリー、そしてトマトだ。体のことを考えて、これらは食べるようにしている。それでも全般的に野菜が苦手であることには変わりない。

肉は好きで、特に赤身をよく食べる。一方、脂身は好きではない。

食事にまつわることでいえば、どうしても朝は食欲が湧かない。

子どものころから朝食をとるのは嫌いで、ほとんど食べずに済ませてきた。食べるとしても、何かを少しつまむくらいのものだった。いまは意識して食べるようにはしているが、本心ではいつも食べたくないと思っている。

現在、食品メーカーの味の素と契約しているので、ありがたいことにいつでも食に関するアドバイスを受けられる環境にある。ただし僕の担当者は、「朝食を食べてくれない」と言って嘆きっぱなしだ。

その担当者には、体調管理などもお願いしている。NBA挑戦のためにテキサスに行ったときは、当たり負けしないように体重を増やしつつ、スピードは落ちない体づくりをするという目標を立て、体調管理をしてもらった。いまも毎日体重を計測し、食事のデータと一緒に毎週担当者に送っている。

完璧にできているわけではないが、適切なアドバイスに助けられて、僕の食事の習慣は高校時代に比べるとかなり改善されてきていると思う。

体重が増えたにもかかわらず、同じスピードで動けるのも、しっかりとした体調管理をしてもらっているおかげだ。

食べるメニュー、食べる時間帯に関しても、アドバイスをもらっている。たとえば、「練習が終わったタイミングでプロテインを飲むと効果的」「1日のなかのこの時間帯におにぎりを1つ食べる」といった具体的な提案をしてもらえるのだ。

その他、練習で消費したカロリーをどのように補給すればいいのかを教えてくれたり、食べやすい朝食メニューを考案してくれたりもする。おかげで最近では、スムージーなら朝でもとれるようになった。

夜更かしの僕は、夜食をとることも多い。夕食を食べたあとに何時間も起きているから、どうしても空腹になってしまうのだ。こうした場合に備えて、体の負担にならないメニューも考えてくれる。

主なメニューは、雑炊やうどん、お餅だ。かなりお腹がすいたときには、夜中に近所のレストランで、ステーキを食べることもある。

僕の場合、食べないとどんどん体重が減ってしまうから余計に面倒だ。意識して食べないと、簡単に65キロを割ってしまったりする。これではさすがに痩せすぎなので、どうにか68キロはキープしようと努めている。

そもそも食べる量が少ない。すぐにお腹がいっぱいになってしまう。体重を減らさないために、なるべく3時間ごとに何かを食べるようにしている状態だ。

偏食家の僕でも続けられるように、「食べられるもの」や「食べやすいもの」を考慮し、栄養補給のプログラムを考えてくれるのは本当にありがたい。

11

食事に関してアドバイスを受けるようになってから、疲れにくくなったのを実感して

いる。

また、食べたいと思うものも少しずつ変わってきた。以前はレストランに行くと、「体のためにこれをオーダーしなくてはいけない」という考えがいつも頭によぎったが、いまでは頭で考えなくても体にいいものを食べたいと思って注文できるようになっている。

自分だけではできないことはたくさんある。サポートをしてくれる人がいるから、好きなバスケに打ち込めるのだと日々感じながら過ごしている。

12

徹底的な節制はしない

栄養補給に関して、以前、興味深い話を聞いたことがある。

バスケやサッカーのような得点を競う「スコア競技」をしている選手と違い、短距離走や水泳など、時間を競う「タイム競技」をしている選手たちは、栄養補給の管理をかなり厳密に行なっているらしい。

タイム競技では、コンマ何秒の差で勝敗が決まっていく。そのわずかな差を縮めるために、栄養補給を厳密に行ない、記録を少しでも伸ばそうと努力しているという。

一方、バスケの場合は、チームスポーツでもあり、コンマ何秒の結果に焦点が当てられるものではないため、各自がそこまでストイックに栄養管理にこだわっていないような気がする。

実際にはスコア競技に従事する選手たちも、タイム競技の選手のように気をつけるべきなのかもしれない。事実、「長くプレーするには、もっと規則正しい生活をして、食事もしっかりととったほうがいい」と言う人もいる。**だが僕は、あまり厳格にならずに自分流を貫いている。**

コンディショニングの仕方は、本当に人それぞれだと思う。一般的に言えば、規則正しく生活するのが基本であり、体にいいものを食べて、睡眠をしっかりとるのがアスリートにとっての定石なのだろう。

それは分かっていても、僕の場合、いまのスタイルがしっくりくるので、無理矢理変えようとは思っていない。**仮に無理に変えようとすれば、ストレスを感じて調子を崩してしまうかもしれない。そちらのデメリットのほうを気にしてしまうのだ。**

遅くまで起きているといっても、リラックスしてテレビを見ているだけで、それは自分にとっては休養と同じものだと捉えている。最初のころは、トレーナーに心配されたが、こうした生活サイクルでも体は十分動いているので、いまは特に生活サイクルについてアドバイスをされることもなくなった。

千葉ジェッツに入団後、Bリーグになってチーム運営の体制が新しくなったとき、トレーナーやウェイトトレーニングを指導するストレングスコーチがチームに入ってきた。彼らに僕の睡眠時間を伝えると、最初は誰もが心配し、十分な睡眠時間を確保

12

するようにアドバイスしてくれた。

だが、夜型の生活が自分にとっては快適なので、やはり自分のスタイルで、ストレスのない方法を貫きたいのだ。

規則正しくコンディショニングをしていれば、ケガもなく、結果も出せるかというと、そうでもないケースを周りで見ている。どれだけ普段からコンディショニングに気をつけていても、ケガしてしまう選手もいるし、試合で結果を出せない人もいる。

その一方で、まったく意識していないけど、ケガもしないし、結果を出している人もいるのだ。

さすがに名前を出すのは控えるが、ヘビースモーカーで、食事はいつもコンビニで済ませるような生活を送っているにもかかわらず、長く活躍しているBリーガーもなかにはいる。

外国人選手のなかには、タバコは吸うし、遠征帰りの新幹線のなかで、ビールを10缶くらい飲み干してしまう猛者《もさ》も見かける。それでもチームの中心選手として活躍しているのだ。お酒を飲まない自分としては絶対に考えられない行為だが、彼に聞いてみると「それが自分にとって試合後のリカバリーの方法」だそうだ。

人それぞれにやり方がある。「これはダメ、あれもダメ」ということになると、どんなに理論は正しくても、場合によってはそれがストレスになってしまう。

僕は無理に、徹底的な節制をしようとは思わない。できる範囲で改善を志す程度だ。

それまではまったく食べなかった朝食を、スムージーでとれるようになったというくらいの改善で十分だ。そういう小さな改善が常時なされていればいい。

これで体を壊したり、結果を出せなくなったりすれば、すべては自分の責任だ。これからもプロとしてプレーしていくなかで、最終的な判断だけは自分でしっかりと下しながら行動していこうと思っている。

13

協力者がいるからできることもある

アメリカの高校卒業後に所属した秋田ノーザンハピネッツでは、合計すると1年半プレーした。振り返ってみると、この1年半は自分にとってとても貴重な期間だった。

1年目は、シーズン途中から加入したことと、初めてプロとしてプレーしたことが重なって、自分自身では満足できる気持ちにはなれなかった。しかし、2年目はプレシーズン中のチームづくりの段階から参加でき、個人成績も前年度に比べて向上したこともあり、チームのファイナル進出に貢献できたとの実感が得られた。こうした充足感は、次のステップに進むための大きな力となってくれた。

日本で満足のいく2年目を終えて3年目を迎えようとしていたころ、日本代表を多く輩出するNBLのチームへ移籍するという話が持ち上がった。そしてこれとは別に、「若いうちにもう一度海外に出てみたらどうか」という声も周囲から寄せられた。

僕自身は日本で続けるよりも、もう一度アメリカで挑戦してみたいという気持ちが強くあったため、迷うことなく海外を目指す決断をした。

もちろん目標はＮＢＡだった。かなりハードルが高いのは分かっていたが、その気持ちにブレはなかった。いきなりＮＢＡは無理でも、下部リーグであるＤリーグのチームとの契約を勝ち取りたいと考えた。その目標を掲げ、２０１４年６月に再び渡米し、ＮＢＡへの登竜門と呼ばれるサマーリーグ[*10]に参加したのだ。

１年半お世話になった秋田を去るとき、ファンや周囲の人たちの反応は「チャレンジしたほうがいい」というものだった。僕の決断を聞いた中村ヘッドコーチも「行ってこい」と僕の背中を押してくれた。幸い、チームとは単年契約を結んでいたので、渡米するにあたりチームを離れることに、特に問題は存在しなかった。

サマーリーグへの参加に際しては、僕のプレーを評価して契約したいというところがあれば、どこにでも行くつもりだった。ＮＢＡを相手に、チームを選べるほどの実力はないという自覚はあった。

サマーリーグに出場するためには、参加チームに招待されなくてはならない。まずはダラス・マーベリックスから声を掛けてもらい、現地に行ってコーチの前でワーク

13

アウトを行なった。そこでコーチの目に留まり、サマーリーグ開幕前の最終キャンプに招集された。その後、無事にロースター入り[*11]を果たすと、サマーリーグへの出場が決まったのだった。

実は、渡米するにあたり、1つ大きな問題があった。お金である。

bjリーグでプロとしてプレーしていたとはいえ、年俸はまだまだ低く、貯金もなかった。渡米して1カ月半もエージェントと2人で滞在するとなると、少なく見積もっても200万円以上はかかるため、自力で渡米するのは不可能だった。

だが、NBAに挑戦するならいましかない。そういう状況のなかで、僕のマネジメントをしてくれていた会社の社長がスポンサー探しに奔走してくれた。約60社にアプローチし、スポンサーの依頼をしたという。しかし、どこへ行っても「NBAなんて、絶対無理だよ」と言われ続けてしまう。なかには、「気は確かか？　NBAを甘く見すぎているんじゃないか」と厳しい言葉を浴びせてくる企業もあったらしい。

一方で、「夢を応援したい」というところもあった。「NBAドリームチーム」というスマホゲームを配信していたテコテックが資金面の一部をサポート、残りをマネジ

メント会社の社長が用意してくれたため、渡航費用と滞在費用をどうにか捻出《ねんしゅつ》できたのだった。

そうして日本のエージェントと2人で渡米し、ダラス近郊のロードサイドにある安いモーテルのツインに約1カ月半滞在しながら、サマーリーグへの参加が決まるまでレンタカーで練習場所との往復を続けた。

当時、NBAと交渉できるエージェントの資格を持っている日本人は2人しかいなかった。僕に帯同してくれたのは、そのうちの1人だった。日本にやってくる外国人選手のエージェントをする日本人はたくさんいたが、日本人選手のエージェントを外国で務められる人はほとんどいなかったのだ。

アメリカでの挑戦が、簡単ではないのは初めから承知していた。

そもそもアメリカのエージェントは、身長が167センチしかない選手は端《はな》から相手にしない。

実際、僕のマネジメント会社の社長は、アメリカのスポーツ用品メーカーのルートや日本のバスケ界の伝手《つて》をたどり、現地のエージェントにコンタクトしたが、誰も相手にしてくれない状況だった。そこで僕たちは、2人しかない日本人エージェントの1人に頼ることにしたのだ。

その彼自身も、ライセンスを取得してまだ日が浅く、NBAのチームと深いパイプを持っているわけではなかった。つまり、僕にとっても彼にとっても手探りの状態での渡米だった。

食事はいつもファストフードのハンバーガーやスーパーで買ったサンドイッチなどだった。ただし、先述したとおり、僕はアメリカのファストフードは大好きなので、食事についてつらいと思ったことは一度もなかった。

それでもやはり、お金の問題はつきまとった。

この流れを変えたのが、サマーリーグでの活躍だった。

するとそこからだんだんと状況がよくなり、先述した味の素など、スポンサーがつき始めたのだ。

裏では、こうした慌ただしい動きがあったにもかかわらず、申し訳ないことに僕は何も考えずにバスケだけに打ち込んでいた。

弱冠20歳の当時の僕は、契約やスポンサーといった事情にまったく疎く、その種のことを考えられるような人間ではなかったからだ。

アメリカに行って、キャンプに参加し、サマーリーグのメンバーに選ばれ、そこで結果を出すことしか考えていなかった。また、それが協力してくれる人たちへの恩返しになると思っていた。

いま思うと、自分の、あまりの単純さに苦笑いするしかない。

＊10　NBAのシーズンオフに、各チームが主に1、2年目の新人選手やこれからNBAのチームとの契約を目指している有望選手を集めて開催される大会。ドラフトから漏れていても、ここでの活躍からNBAチームとの契約を勝ち取る選手も、毎年多数いる。

＊11　試合に出る資格を持つメンバーの中に入ること。

SAMSUNG
NBA SUMMER
LEAGUE
DALLAS
18

14

自分でどうにもならないことは、悩んでも意味がない

サマーリーグが終わり、そこでのプレーが認められた結果、マーベリックスのワークアウトへの参加を許された。帰国していた僕は、再び渡米する。

セレクションの結果は上々だった。チームは僕をプロテクトするため、選手契約を締結。ただし、これは傘下のテキサス・レジェンズに送り込むための契約であり、まずはDリーグでのプレーを通達されていた。それでもDリーグは当初の目標であり、自分としては十分満足のいく結果だった。

ここで僕たちは一区切りつけると、一度日本に帰国する。

ただし、その先も一筋縄ではいかなかった。アメリカでプレーするためにビザを申請したのだが、それがなかなか発行されずに、肝心のレジェンズへのチーム合流が遅れたのだ。これにはさすがに焦ったが、これまでのパフォーマンスがよかったため、レジェンズへの入団は翻らなかった。

この時点で、当初の目標は何とか達成できたのである。

2014年11月、ビザを取得すると、僕は再びアメリカに向かった。今度は手探りではなく、確固とした受け入れ先があるなかでの渡米だった。

DリーグはNBAの下部リーグといえども、試合の翌日にはNBAのコートに立っている選手が何人もいるような世界である。俄然《がぜん》気分は盛り上がった。

「契約なんて絶対に無理だ」という大方の予想を跳ね返しての渡米。**だが、かつて否定的な見方をしていた人たちを見返してやったという気持ちはほとんどなく、アメリカでプレーできるという満ち足りた気分に包まれていた。**

テキサス州に到着してすぐ、ベーカーズフィールド・ジャム（現・ノーザンアリゾナ・サンズ）戦に出場すると、記念すべき初得点をあげることができた。その後もコンスタントに試合に出してもらい、そのたびにベストを尽くしてプレーをした。

ただし、それまでの環境の違いに適応するのに、僕は少し戸惑っていた。

Dリーグの選手は皆、NBAのチームにコールアップされることを目的にプレーしている。もちろん、チームプレーを重視する場面もあるのだが、基本的にはどの選手も個人の能力をアピールする場として捉えているようで、個人プレーがかなり多かった。そ

14

のため、目の前で繰り広げられているバスケが、それまでとはまったく異なるものに映るほどだった。

チームの勝利よりも、自分の活躍を優先する選手が多かったと言っていい。一度誰かにパスを出したら、そのボールが自分に戻ってくることはほとんどなかった。

誰もがＮＢＡへの昇格を目指しているのだから、そうしたプレースタイルは当然と言えば当然なのかもしれない。だが、僕はそのスタイルになかなかアジャストできないままでいた。

ここにいる選手がＮＢＡという最高峰でプレーをするには、自分の能力をこの場で証明して、他を蹴落としてでも選ばれるしかないのだ。必然的に競争は激しくなり、チームメイトといえども味方というわけではないのである。

アメリカの高校でプレーしてきた僕は、時にむき出しとなるアメリカ式のアグレッシブさには慣れていた。〝アメリカ流のやり方〟はよく理解しているつもりだった。そんな自分だが、Ｄリーグだけは独特な雰囲気が漂う厳しい世界に感じた。

ちなみに、前髪が邪魔にならないようにジェルで固く髪を固めるスタイルは、このころから始めている。参考にしたのは浦和レッズの槙野智章選手である。

レジェンズに所属したのは1シーズンだけだった。入団した翌年の2月、試合中にひどい捻挫《ねんざ》をしてしまい、そのままチームを離脱することになったのだ。当初は1週間くらいで戻れるかなと思っていたが、予想以上に深刻な捻挫で快癒するまで2、3カ月もかかるほど重傷だった。ケガばかりは自分ではどうすることもできない。現実を受け入れるしかなかった。

治療を続けている間に契約は終了し、レジェンズでのキャリアを終えることになる。当時の気持ちを振り返ってみると、離脱自体に大きなショックを受けたとか、悔しいという感情はあまりなく、これで1つの挑戦が終わったという淡々としたものだった。

人には、自分ではどうすることもできない結末が控えていることがある。それに対していくら足掻《あが》いてみても、余計自分が沈んでいくだけだ。目の前の状況を一度すべて受け入れて、そこから自分に何ができるのかを考えたほうが、立ち直りは早い。僕はこのことを、レジェンズでの体験から学んだような気がする。現にこのあとすぐ、僕は新たな挑戦に向けて再出発することになるのである。

15

〝いま〟だからこそ、やれることがある

レジェンズを退団し、一度アメリカから日本に戻ってきたものの、この時点ではまだ、海外でプレーしたいという気持ちが強く残っていた。

ヨーロッパを次なる挑戦の場として選んだ僕は、エージェントに頼んでヨーロッパのチームと契約する道を探ってもらった。こうしてプレシーズン契約を交わすことになったのが、イタリアのサルデーニャ島を本拠地とするディナモ・サッサリというチームだった。

このチームは、セリエAというイタリアでは最高峰のリーグに属しており、当時は国内リーグの3つのタイトルを総なめにする強豪チームとして知られていた。2015年には、ヨーロッパ各国のリーグ優勝チームで争われるユーロリーグにも進出するほどの国際的な実力も備えていた。

バスケというと、誰もがNBAに目を向けがちだが、イタリアやスペイン、ドイツ

といったヨーロッパのバスケ先進国のリーグもレベルが高い。**NBAに所属する選手と比べると、身体能力はそこまで突出していないが、それを補うための戦術やチームプレーの巧みさがとても発達している。**

個々の選手を見ると、アメリカでのプレー経験を持つ人が多いのも特徴で、Dリーグでも十分に活躍できるような選手もいる。ただし、Dリーグの年俸はあまりよくないため、NBAとの契約を勝ち取れなかった選手が次の選択肢としてヨーロッパのリーグに移籍してくるようだった。こうした選手たちの能力は、当然ながら高かった。

それまでにヨーロッパのリーグの試合を見たことは何度もあった。NBAとはまた違った魅力があり、チャンスがあれば挑戦してみたいと思っていたのだ。

イタリアのリーグには、外国籍の選手に関する独特のルールがあった。基本ルールとして、外国籍の選手は3人まで登録が許されるのだが、イタリア国籍でなくとも大半のヨーロッパの選手とアフリカの数カ国の選手たちは外国人枠としてカウントされなかったのだ。しかし、日本人はアメリカ国籍の選手と同様、外国人枠に当てはまる。そのため僕は、アメリカ人の選手を相手に3人の登録枠を争う結果となった。

僕のポジションはポイントガードだ。そのポジションには、アメリカ人の選手が2

15

人いた。ところが彼らは、二重国籍保持者でＥＵ加盟国の国籍も持っていたので、外国人枠には入っていなかった。したがって、彼らには外国人枠というハンデが課せられない。僕が外国人枠争いをしなくてはならなかったのは、アメリカ人のビッグマン（身長が高く、強靱《きょうじん》な肉体を持つ選手）の3人だった。つまり、ポジション争いをするというよりも外国人枠の獲得争いをしなければならないという奇妙な状況に置かれてしまったのだ。

この3人のアメリカ人はかなり能力が高く、その3人をチームから外すことは考えづらかった。となると3人の外国人枠は彼らで埋まってしまい、僕は枠からはみ出してしまう。彼らがケガなどで離脱しない限り、僕がベンチ外に置かれてしまう可能性は高かった。

プレシーズンが終わり、本契約を交わすかどうかの判断が下される時期が訪れた。

僕が望んでいたのは、何といってもプレーができる環境だった。いくら海外のチームと契約できても、コートに立てなければ意味がない。その気持ちがとても強かった。

結果として、ディナモ・サッサリとは本契約に至らず、僕は２０１５年9月に日本に帰ってくる。

前年に秋田ノーザンハピネッツを退団してから、アメリカとイタリアで慌ただしい日々を過ごしてきた。2つの国でチャンスを探ってきたが、移籍先はまだ見つかっていなかった。**ただし、焦りは感じていなかった。なぜなら、無駄に過ごしているわけではないという気持ちがあったからだ。**

このとき僕は22歳。選手としてはまだ若く、興味が湧いたことすべてに挑戦してきた。若いからこそできることが、世の中にはある。前年にNBAに挑戦し、レジェンズと契約を結べたのも、僕が21歳だったからにほかならない。仮に同じ実力を持っていたとしても、僕が25歳だったらレジェンズでプレーできる可能性は限りなく低かったはずだ。

誰にも、いましかできないことがある。それを見逃さない姿勢が大切だと思う。

こんな考えがあったので、ヨーロッパでの挑戦を決めたときも不安はまったくなかったし、契約に至らず日本に帰ってきても後悔はなかった。

16

縁とタイミングも大事

帰国後、これから進むべき道を考えていくなかで、海外での可能性を探り続けるよりもバスケをすぐにプレーできる環境を獲得したいという気持ちが強くなっていく。**要するに、コートに立って好きなバスケを思いっきりプレーしたかったのだ。**

Dリーグへの出場を経験し、多くを学んだという実感が僕にはあった。そこで得たものを、実際の試合で活かしてみたいという意欲が高まっていた。イタリアでチャレンジした経験もどこかでプラスに働くはずだった。

こう考えた結果、僕は日本でプレーする道を選ぶ決心をする。

2015年当時、日本のプロバスケットボール界にはNBLとbjリーグという2つのリーグが並存していた。しかし、2016-2017年シーズンからは2つのリーグが統一され、新たなプロリーグであるBリーグがスタートすることが決まっていた。日本に復帰するには絶好のタイミングと言ってよかった。

とはいえ、この時点でどこか契約が確約されているチームがあったわけではない。コネクションがあるとすれば、以前の所属先である秋田ノーザンハピネッツだった。しかし、事態は予想外の方向に向かい、僕は千葉ジェッツ（現・千葉ジェッツふなばし）に入団することになる。

千葉ジェッツと僕との間には、それまで特別な接点があったわけではない。チームの島田慎二社長（現・Bリーグチェアマン）とは、同じ新潟県出身という縁はあったが、お互いをよく知るような間柄ではなかった。一度だけ挨拶《あいさつ》を交わしたことがあるくらいの関係だったのだ。

まだレジェンズに所属していたとき、NBAのオールスターゲームに伴う中断期間があり、僕は日本に1週間ほど一時帰国していた。その際、トヨタ自動車アルバルク東京（現・アルバルク東京）と千葉ジェッツの試合があり、それを観に行く機会があった。このときに、島田社長が私のところにわざわざ挨拶に来てくれて、名刺をいただいていた。これが島田社長との初対面だった。ところが、これがその後、大きな縁となっていく。

16

一時帰国の間、不注意から僕は電車の座席に財布を落とし、そのまま下車してしまう。たまたま次に座った人がそれを発見し、中身を見ると、真紅のジェッツカラーで染まった島田社長の名刺がすぐに目に留まった。

財布を拾ってくれた人がちょうどバスケファンだったこともあり、島田社長の名刺に記されていた電話番号に連絡をしてくれ、そこから巡りめぐって財布の持ち主が僕であることが判明したのだ。

その後、以前から知っている千葉ジェッツの選手から電話をもらった僕は、「財布、落とさなかった?」と聞かれ、妙なことから島田社長とのつながりを深めることになったのだ。

ただし、この時点で僕はＮＢＡに挑戦中であり、移籍のような話題には一切触れていない。

移籍の可能性が浮上したのは、イタリアに渡る前だった。僕のエージェントは千葉ジェッツとも話をしていた。

イタリアから帰国すると、改めて興味を示してくれたのだ。ロースター枠も空いているとのことで、僕のほうでもジェッツに関心を持ち始めた。

秋田時代に対戦した経験はあったが、ジェッツについては正直詳しいわけではなかった。僕が入団する前の2014‐2015年シーズンで6割以上の勝率をあげ、プレーオフに出場するなど、徐々に力をつけているチームという印象があるくらいだったのだ。いずれにしても、試合出場の機会を求めていた自分にとって、ジェッツへの入団は申し分ないものだった。

2015年9月、千葉ジェッツと契約を結んだ僕は、NBLとしては最後となる2015‐2016年シーズンを迎えるのである。

LEGENDS
BASKETBALL
DALLAS
BASKETBALL

CHAPTER 3

自分の「現在地」で持つべき思考

17

我慢も限界ならば行動するしかない

日本に戻ってきてからは、すべてが順調に進んでいるかに思えた。ところが、事はそう簡単には動いてくれなかった。

千葉ジェッツとは、急遽《きゅうきょ》、契約に至ったため、僕がチームに合流できたのはリーグ開幕の1、2週間前だった。他のチームメイトはすでにプレシーズンから試合に出ており、そこに僕が加わるという形になった。

ただし、こういうケースはプロの世界では別に珍しくはない。シーズン中の移籍もあるし、外国人選手などはシーズンの途中で入団してきて、数回のチーム練習を経ただけで、すぐに試合に出たりする。

僕自身もそれまで何もやっていなかったわけでなく、コンディション的にもチームの足を引っ張るような状態ではなかった。したがって、遅れてチームに合流することに何の抵抗もなかったのだが、ヘッドコーチはそう考えていなかったようだ。

「他の選手たちはすでに2カ月ほど共に練習し、新しいシーズンに向けてチームづくりを行なってきた。開幕直前のメンバーチェンジはチームバランスに悪影響が出るかもしれない……」

おそらくこんな心情だったのではないか。

一方、僕のほうには、「短い期間でも合わせせられるのが、プロ」という意識があり、ヘッドコーチの意見とかみ合わない部分があった。確かに遅れて合流したが、遊んでいたわけではないのだ。事実、契約してからすぐに練習に参加し、開幕までの練習でのパフォーマンスはとてもよかった。

こうして迎えた2015‐2016年シーズンの開幕戦。ジェッツは大差で相手にリードされ、僕は残り時間3分という段階で試合に出場した。それはあたかも観客に僕の姿を少しだけお披露目するためだけに出されたような感じで、僕としては少々不満の残るスタートだった。

ただし、ヘッドコーチにも考えがあったはずだ。それが僕の考えとは異なっていただけの話で、そこに口出しをする権利は選手の僕にはなく、ヘッドコーチの方針にしたがうしかなかった。

17

開幕戦を終え、シーズンが本格的に始まってからも僕はなかなか試合でのプレータイムをもらえなかった。練習でのパフォーマンスはいいのに、なぜか起用されない。我慢の日々が続いた。プレータイムを求めて日本に戻ってきたにもかかわらず、まさかこれほど試合に出られないとは思っていなかった。スタッツを振り返ると、そのシーズンに僕に与えられた出場時間は1試合平均で16分ほど。ちなみに秋田時代は、36分強の出場時間が与えられていた。

このシーズンは、自分のなかで最も思いどおりにならない期間で、僕にしては珍しくストレスを感じるほどだった。

復帰して1年目のシーズンは、結局、個人的には不本意なまま終わりを迎える。ジェッツとは2年契約を交わしていたが、翌シーズンも試合に出られない状態が続くのであれば、他のチームへ移籍をしたいと考えるようになっていた。

最終の決断をする前に、僕は島田社長と直接会い、「これからの1年1年は自分にとって大切になってくるので、プレーヤーとして力を発揮できるところに移籍したい」という話を率直にした。島田社長は僕の考えをよく理解してくれたようだった。

契約については島田社長に権限がある。ただし、選手の起用方針については、ヘッドコーチの専権事項となる。ジェッツとしては、もう1年チームにいてほしいところだが、どこか移籍したいところがあれば、契約は解除すると島田社長は言ってくれた。また、その一方で、僕にもっと試合に出てほしいと思っている様子も窺《うかが》えた。

どうするか決めかねていると、ヘッドコーチが退任し、新たに大野篤史さんがヘッドコーチを務めるというニュースが舞い込んできた。それを聞いた僕は島田社長と大野ヘッドコーチと面談をし、チームの方向性について質問をさせてもらった。

これに加え、僕は自分のプレースタイルや身長のことなど、他の選手と異なる点について、大野ヘッドコーチがどのように捉えているかについても尋ねてみた。

大野ヘッドコーチは、「アグレッシブなディフェンスから走る」というスタイルを軸にチームをつくっていく方針だと説明した上で、なかでも「走る」ことを重点に置くので、僕のスタイルとよくフィットするだろうとつけ加えてくれた。

僕はその言葉を信じて、ジェッツへの残留を決めたのだ。

18

自分でコントロールできることには責任を持つ

納得いかない部分はあったとしても、前のヘッドコーチに不満をぶつけるつもりはない。彼の基準のなかで、僕の評価が高くなかっただけの話にすぎない。人それぞれ、いろいろな見方があるのだ。

だが、どうせプレーをするのであれば、自分のことを高く評価してくれる人の下でプレーをしたい。選手であれば、誰もがそう望む。そのためには、練習でいいパフォーマンスを見せ、出場時間を勝ち取るしかない。

翌2016‐2017年シーズンは、記念すべきBリーグの幕開けとなるシーズンだった。日本のリーグに復帰した時点で、すでに1年後にBリーグがスタートするのは分かっていたが、この段階では新リーグがどのようなものになるかは、まったく想像できていなかった。雑に言ってしまえば、企業チームが集まるNBLに独立系のプロリーグであるbjリーグが入ってきて新たなリーグをこしらえたくらいのイメージしかなかったのだ。

だが、16年9月22日、代々木第一体育館で行なわれた開幕戦を見たとき、会場の演出の豪華さに度肝を抜かれた。コート一面にLEDパネルが敷き詰められ、プレーに応じた映像が映される、ゴールデンタイムにもかかわらずテレビの地上波で生中継され、広瀬アリス・すずさん姉妹がそのゲストに迎えられる、など、それまでの日本のバスケ界では考えられないような華々しい船出だった。観衆も1万人近くの超満員。新リーグができるのを楽しみにしていただけに、予想以上のその盛り上がりに興奮を覚えた。

Bリーグ開幕1年目、新体制のチームになると僕の出場機会は大幅に増え、1試合平均で30分ほどの出場時間を得られた。プレシーズンからのコンディションが非常によく、それを評価してもらえたことが大きかった。

NBL時代、競合チームには、トヨタ自動車や東芝、アイシン精機という大企業を母体とする強豪チームがたくさんあり、企業というバックボーンを持たずにbjリー

18

グから移籍してきた千葉ジェッツは苦戦していた。しかし、島田社長がチームのマネジメントを任されるようになってからは「打倒トヨタ！」というフレーズを1つの旗印にしてチームを引き上げてきた。

それによって士気も上がり、勝てる試合も増えてきたが、点差が開くと途中で試合を諦めてしまうような雰囲気もあったらしい。心のなかで「やっぱり強いよね。相手はトヨタだからね」と、もっともらしい言い訳をしていた部分もあったようだ。

こうした姿勢との決別を図ったのが、大野ヘッドコーチ率いる新生ジェッツだった。

大野ヘッドコーチがよく使う言葉に「エナジー」がある。

試合では、どうしても自分ではコントロールできない要素が入り込むときがある。たとえば、レフェリーの判定は選手たちがコントロールできないものの代表格だ。選手からすれば、レフェリーのジャッジにどうしても納得できないことも、試合中には何度かあるものだ。だが文句を言っても覆ることは決してない。こういうところにイライラして、調子を崩してしまうのはまったくもって無駄なことだ。また、試合の流れが極端に傾いている時間帯のことを「モメンタム」という。モメンタムが相手チームにあるときは、シュートが外れたときにボールの落ちてくる場所が、どういうわけかいつも相手に有利なところだったりする。自分たちとしては、こうした時間帯はとにかく我慢し、流れがこちらに向いてくるまで待つしかない。

一方で、いかなるときでも全力で走る、ルーズボールを必死に追う、シュートが外れてもすぐにディフェンスに戻る、といったことは、自分でコントロールできる。**このように、自分でコントロールできるところには責任を持ち、そこにすべてのエナジーを注げというのが大野ヘッドコーチの考えるバスケのスタイルだ。僕はこの考え方に強い共感を抱いている。**

このスタイルが徐々に選手たちに浸透した結果、Bリーグ開幕の年から、もう1つの国内最高のタイトルである天皇杯を3連覇することができ、ファイナルでは敗れてしまったものの、Bリーグ3年目となる2018-2019年シーズンにはBリーグ史上最高勝率となる8割6分7厘（52勝8敗）を達成できたのだと思う。

このように、大野ヘッドコーチは、試合中に選手が何をすべきなのかを分かりやすく再定義してくれたのだ。

19

小さな目標の積み重ねが、その先の道を示してくれる

よく聞かれる質問に、「今後の夢」に関するものがある。そんな大仰な質問をされるたびに、答えに詰まってばかりいる。そもそも僕は大袈裟《おおげさ》な夢を掲げる人間ではないし、ましてやそれを雄弁に語るようなタイプでもないからだ。

高校時代、ＮＢＡに行きたいという希望はあったが、それを必ず実現するためにがむしゃらになったわけでもなく、その希望について周囲に堂々と語っていたわけでもなかった。

高校からいきなりアメリカに留学するという道を進んだため、「何やらたいそうな夢を抱いているに違いない」と思われてしまうのかもしれない。だが、アメリカに行ったのは、バスケがうまくなれるだろうと純粋に考えたためであり、いきなり大きな目標を掲げていたわけではないのだ。繰り返しになるが、僕は本当に、大きな夢を抱いてそれに向かってがむしゃらに突っ走るようなタイプの人間ではない。

むしろ、目の前の課題を徐々にクリアしていくうちに、その先の道を見つけ、将来を思い浮かべていくパターンが多い。

たとえば、NBAへの道を探ったときも、まずは自分のなかの課題をこなしてサマーリーグへの参加をつかみ、ようやくレジェンズとの契約にこぎつけて、もしかしたらNBAのコートに立てるかもしれないという道がかすかに見えたときに、NBAを意識したという感じだった。

この段階にまで到達しても、自分が活躍している姿までは想像できず、うっすらと可能性を感じたくらいの心境だった。

自分がしっかりとイメージできる道を進み、さらに一歩一歩上を目指していくのが僕のやり方と言っていいだろう。これまでの人生で、遠くにある夢を想像しながら、漠然と頑張った経験は一度もない。

夢にたどり着くために細かいことを逆算し、いつまでに何を達成すればいいかを決めていく人もいる。僕はそれとはまったく逆なのだ。アメリカの高校に行き、さらにアメリカでバスケをしたいと思ったから、秋田時代を挟んで、NBAのサマーリーグ

19

に挑戦した。すると道が拓《ひら》けてきて、ＮＢＡに少しだけ近づけたという前進の仕方だった。

「大きな夢を持っています」と高らかに宣言できれば、周囲の人は見ていて面白いのかもしれないが、残念ながら僕に大きな夢はない。

ただし、小さな目標はいつも持っている。たとえば、少しでもレベルの高いところでバスケをしたいという思いは強い。ＮＢＡや海外だけに限らず、日本にいても常に昨日よりいいプレーができるように注力している。

特にＢリーグでプレーし始めてからは、このリーグで自分に何ができるのかという視点に立って、自分の可能性について改めて考えるようになった。

オリンピックでプレーするのも目標の1つだ。

ポイントガードとしてのいまの評価を維持できれば、おそらく代表に選ばれるだろうという感触はある。

新型コロナの影響で延期になってしまったが、２０２１年、無事に開催されるならば、日本代表の座を確実に勝ち取って、オリンピックには絶対に出たい。

「再び海外に挑戦する気持ちはないのか」という質問も、毎回のようにされる。

もちろん、ゼロではない。だが、いまは何といってもオリンピックのほうが重要だ。プレータイムを求めて帰国したときから、僕の最大の関心はオリンピックに向けられている。

海外での挑戦は選択肢の1つにすぎない。現時点で海外に出ることだけが自分にとってプラスになるとは思っていないので、それに対する強いこだわりはない。その時々で様子を見極めて、ベストな環境でのプレーを目指していければいい。

オリンピックに出場し、そこでのパフォーマンスが評価され、どこからかオファーがあれば、それも目の前に現れた1つの道になるだろう。ただし、試合に出られることが絶対条件だ。

そう考えると、バスケをプレーできる環境を常に獲得し続けることが、僕が追い求める夢なのかもしれない。

20

後悔を残さないよう全力を尽くす

2021年のオリンピック後の自分の姿について、現時点ではあまり明確に見えていない。オリンピックに向け、いまできることに気持ちを集中させている状態で、そのあとのビジョンについては未知のままだ。

僕はいつも、目の前にあることをまずは一生懸命やるというスタンスを貫いている。したがって、見えない何物かをわざわざ無理して探したりはしない。そもそもそんなものはいくら探しても見つかるものではないと思う。一方、オリンピックは僕にとってはっきり見えるもの。だからいまは、オリンピックに焦点を絞っている。

目標は、もし目の前にあるのなら、あったほうがいい。それがはっきりとしていれば、その目標の達成に向かって頑張れる。僕がいつも大切にしているのは、そこに一生懸命取り組む姿勢だ。

本来であれば、オリンピックは2020年の夏に開催されるはずだった。しかし、誰も予想していなかった新型コロナという未知のウイルスが世界中で蔓延《まんえん》したことにより、2021年まで延期されることになった。

意外に思うかもしれないが、これについては驚きもなければ、ショックもない。

個人競技の選手の場合、日程がずれることで調整が難しくなったり、選考のやり直しでモチベーションの維持に苦労したりするかもしれない。だが僕の場合は団体競技ということもあり、1年延期になったところで心境に大きな変化はない。

確かに、アスリートにとって、1年という時間はとても貴重だ。身体能力という観点からすると、2020年にピークを迎えていた選手もいるだろう。1年ずれてしまえば、最高のパフォーマンスができなくなってしまう恐れもある。だからといって、今回の状況をコントロールできる人はどこにもいない。受け入れるしかないのだ。

オリンピックが無事開かれて、日本代表選手として試合に出場するのが、現時点での最大の目標である。

そうは言っても、すべてにおいて確証はない。いくら個人が努力しても、オリンピックの中止やケガなど、どうにもならない状況は常に起きうる。**どんな事態になっ**

ても、その結果に対していつまでも引きずることだけはしたくない。僕ができるのは、後悔を残さないように、そのときそのときで全力を尽くすことだけだ。

特に意識しているわけではないが、僕はあるがままの現実を受け入れるタイプの人間なのだと思う。この先、オリンピックが中止になったとしても、それはどうすることもできないし、誰のせいでもない。「しょうがない」としか言いようがないのだ。

新型コロナウイルスの世界的な大流行のように、自分で制御できないことの影響に対していちいち一喜一憂していたら心身ともに疲れてしまうだろう。さっぱりと割り切ることも時には大切なのだ。

自分がコントロールできるものに関しては、しっかりと向き合って、改善できるように努力をする。一方、コントロールできないものに対しては、細かく考えても徒労に終わるだけなのだ。

この考え方が、僕にはやっぱりしっくりとくる。

21

コロナ禍の試合とシーズン打ち切りに思うこと

新型コロナウイルスの大流行は、Bリーグにも大きな影響を与えている。2019-2020年シーズンでは、3月14日に無観客での試合が実施されたものの、その後も感染が収束しないため、3月27日には残りの全試合の中止が発表された。

試合が中止となれば、プロチームとしては収入が途絶えてしまう。Bリーグが始まってからは徐々に規模は大きくなってきたものの、まだまだ財政基盤が脆弱《ぜいじゃく》なチームにとっては、存続が危ぶまれるほどの大きな問題となった。この先、どれだけの収益が得られるのか分からないこともあり、選手との契約を思うように更新できないという事態が発生しているチームもなかにはある。

そんななか、引退を決意する選手たちのニュースを見る機会も増えてきた。

自分たちではコントロールできない状況とはいえ、ここまで来ると早期の収束を願わずにはいられない。

今回の新型コロナウイルスの流行によって、実に多くの人たちが生活様式を変えざるを得なかったはずだ。それは僕にとっても同じだった。

シーズンの中止が発表された3月末以降、「長めのオフ」だと思うようにして、毎日を過ごしていた。最初の1カ月半くらいは本当に何もしなかった。

2020年4月7日に発令された緊急事態宣言は5月25日に解除がなされた。しかしそれも束の間、7月ころから再度の感染の広がりが確認されるようになり、その後も収束したとは言い難い状況が続いている。

この間、さすがに何もしないわけにはいかないので、5月の中旬になってからは個人で少しずつトレーニングを始めることにした。

6月15日、それまで閉まっていた体育館がようやく使えるようになる。3月末からずっとコートで練習しておらず、約2カ月半ぶりにバスケットボールに触れることができた。

このころから感染対策を施した状態でジムもオープンしたので、ウェイトトレーニングも本格的に再開している。

ウェイトトレーニングについては、気が向いたときに自宅で行なったりはしていた。

21

だが、あくまでも気休め程度であり、本格的にやるのは数カ月ぶりだった。

もともと外でランニングをするのは好きなタイプではないので、自粛生活中はやれることが限られていた。


Bリーグに関して言うと、野球やサッカーに比べれば、まだ恵まれているかもしれない。シーズン途中で中止となったものの、次の２０２０-２０２１年シーズンの開幕は10月ということもあり、それまでにいろいろな対策を打つことができる。

10月の開幕に合わせ、自粛中の時間を使いながらコンディションの調整も可能だった。オリンピックが延期となり、スケジュール的な余裕もできた。

そうは言っても、異常であることに変わりはない。例年なら、シーズンが終わったあとも、基本的に7~8割のコンディションはキープしていたのだ。

ところが、２０２０年はそれができなかった。ここまで何もやらないというのは、ケガをしたときくらいである。つまり、ケガをしてしまったときのような状態が何カ月も続いたのだ。


それでも、太りも痩せもせず、体調はどうにか維持できたと思う。チームとしての練

習が再開するにあたって、体脂肪や筋力などのチェックをしたところ、前シーズンと数値的には変わっていなかった。これについては、よかったと思っている。

また、体調だけでなく、モチベーションについても、割り切る形で維持ができた。ただし、2019-2020年シーズンが中途半端な形で終了になってしまったため、充足感は得られず、もやもやした気持ちが残ったのは否めない。

Bリーグではシーズン全体の決着をつけられなかったのだ。勝負の世界で生きているアスリートにとって、頂点を競うのは最大の楽しみでもある。それがなくなってしまったのは、やはり残念だった。

いまさら何を言っても仕方ないことなのだが、昨シーズンの状況をいま一度整理してみよう。シーズン中止が決まった時点で、ジェッツは東地区3位でプレーオフ進出圏内にはいた。また全60試合中、20試合も残っていたので、ここからさらに順位を上げられる手応えは感じていて、まだまだ優勝を狙える位置にいたのだ。

天皇杯は3連覇したものの、Bリーグでは2年連続でファイナルで敗れていたので、Bリーグ優勝というのは、チームの最大の目標であり、ファンからの「今年こそは」という期待は十分に感じていた。

21

2019‐2020年シーズンの序盤は、確かに出遅れた部分はある。石井講祐（現・サンロッカーズ渋谷）、アキ・チェンバース（現・横浜ビーコルセアーズ）という、前シーズン一緒に戦った中心選手が移籍したという状況もあった。

一方で、晴山ケビン（現・滋賀レイクスターズ）、コー・フリッピンといった新しい選手も加入したが、ジェッツのプレースタイルを理解せねばならず、チームに馴染《なじ》むまでに時間が必要だった。こうした事情があって、ジェッツはスタートで躓《つまず》いてしまったのだ。

シーズン中盤以降、勝ち星を伸ばしていけたのは、新加入の選手がチームにフィットしてきて、チーム全員がそれぞれの選手の長所をお互いに理解できてきたからだろう。それだけに「最後までやれていれば……」という思いがよぎってしまうのだ。

一度だけ経験した無観客試合については、特に何も思わなかった。ただし、コートに立つ選手全員の試合に対するモチベーションが下がっているのが分かり、「このような状態なら中止したほうがいいのではないか」と感じたのは確かだ。

バスケットボールの試合では、選手同士の接触は避けられない。一般の人たちと同様、選手たちも新型コロナウイルスの感染を恐れていた。そのため、試合をすることに気後れがあったのだと思う。

最終的にBリーグとしては、「選手、クラブ、ファンの皆さまの心身の健康を最優先に考え、今シーズンの全試合中止を決断いたしました」との声明を発表し、シーズンを終了させた。

実際、これ以外の決断はなかっただろう。アメリカのNBAでさえ、シーズンを中断していたのだ。アメリカ国籍の選手たちを中心に、「NBAが中断しているのに、Bリーグは続行しても大丈夫なのか?」という意見も上がっていた。

もちろん、試合ともなれば、選手たちはプレーに力を注いでいく。だが、どこかに不安な気持ちがあれば、その影響は必ず出てしまう。

2019-2020年シーズンは、誰もがそれまで経験したことのない独特の雰囲気のなかで終えたシーズンだった。

22

自分より才能のある人に巡り合える幸運

千葉ジェッツに所属してよかったと思うのは、チームメイトやスタッフに恵まれたことだ。チームとしての目標と僕個人の目標の間にズレを感じることはなく、同じ目標に向かってバスケができているという実感もある。**つまり一体感が強いのだ。**

チームの一体感については、ジェッツに入った1年目にすぐに気がついた。2013-2014年シーズンを迎えるにあたり、bjリーグからNBLへ移籍してきたジェッツは、前述のように「打倒トヨタ」を旗印に大企業を母体とするチームに打ち勝とうと奮闘していたのだ。さらに2017年の天皇杯で優勝に輝くと、それがジェッツにとって大きな自信となり、一体感はより強まっていく。

それまでは、トヨタ（現・アルバルク東京）や東芝（現・川崎ブレイブサンダース）、アイシン（現・三河シーホース）などの実業団時代から続く強豪チームを格上と見なす雰囲気がジェッツ内にあった。ところが、天皇杯での優勝を境に選手たちの意識はがらりと変わり、そうしたチームに気後れすることがなくなるのだ。

2015年にジェッツに入団して以来、すでに5年が経《た》つ。新入りだった僕は、いまや古参メンバーの1人となっている。僕よりも長くチームに所属しているのは2014年に入団した西村文男選手だけで、あとはすべて僕よりもあとにジェッツに入ってきた人たちになる。

古参メンバーとは言っても、年齢で見ると、これまでは年上のチームメイトたちが多かった。それが2020年からは、自分よりも年齢が若い選手も増えてきた。徐々に世代交代が起こっているのだ。

バスケ界全体の傾向だと思うのだが、選手間の上下関係は厳格ではない。また、年上だからと言って、年少の選手にアドバイスをしたり、教えたりという文化はほとんどない。たまに聞かれたら、教えてあげるという程度だ。

この傾向は時代によるもので、プロバスケだけのものではないと思う。僕は小学生のころからバスケをプレーしているが、一度も厳しい上下関係のなかに放り込まれた経験がないのだ。

22

ただし、チームメイトや知り合いの選手に聞くと、一部の高校や大学によってはいまでも上下関係が厳しいところもあるようだ。それでも全体としては、年齢にとらわれず和気あいあいとしていると言える。日本代表に入ると、いまでも年上の選手のほうが圧倒的に多いが、年上だからといって偉そうな振る舞いをする人は1人もいない。お互いに冗談を言い合える雰囲気だ。

ここで話題を少し変えよう。

インタビューを受けるとき、「これまでバスケをプレーしてきたなかで、憧れの選手や影響を受けた選手はいますか?」という質問をよくされる。それに対する僕の答えは「特にいません」というもので、いつも話が膨らまずに終わってしまう。

特定の選手はいなくても、練習量の多い選手を見ていると自然と鼓舞されるので、そういう選手の姿勢は見習うようにしている。

チームメイトで言うと、田口成浩選手や原修太選手は練習量が多い。

全体練習が終わったあと、体育館に残って個人練習をしている2人の姿をよく見かける。バスケに対する彼らの姿勢は見習いたい。

僕は、自分のことを追い込めないタイプの人間だ。夏の練習中、全体練習が終わってからランニングトレーニングをするときがある。コートの端《はし》から端までを走って2往復する。これを10セットこなそうと思うのだが、7、8回できつくなり、やめるときがあるのだ。自分に甘いな、と反省しきりとなる瞬間だ。

こういう性格なので、意識的にコーチにそばでついてもらいながら、トレーニングするようにしている。そうしないと、ノルマをこなせないのだ。ウェイトトレーニングをするにしても、「この日の何時にジムに行く」と事前にきっちり決めておかないと、家でダラダラして行かなかったりする。とにかく自分を追い込めないタイプなのだ。

僕にとって自分を追い込みながら努力をしている人たちの存在は貴重で、常日ごろから彼らの姿を見ることで奮起を促している。

ウェイトトレーニングを指導してくれるストレングスコーチと、バスケの技術面を指導してくれるスキルコーチの存在も不可欠だ。

自分1人でどうにかなるというのは、少なくとも僕には当てはまらない。**チームメイトやスタッフが周りにいてくれるからこそ、前に進んでいける。これについてはいつ**

22

も感謝の気持ちを忘れないようにしている。

自分よりも才能のある人に巡り合えたときも、僕はその幸運に感謝する。どこに行っても、自分のより才能のある人は必ずいる。そういう人たちがいるからこそ、刺激され、上を目指そうという気持ちになれるのだ。

思い返すと、僕はいつもそういう人たちに囲まれてきたと言っていい。

特にアメリカでバスケをしていたときは、自分よりも才能がある選手たちばかりだった。高校のバスケ部、サマーリーグ、Dリーグと、常に自分よりも上のレベルの人たちとプレーしてきたのだ。当時はそれが僕にとって当たり前だった。

彼らがいたおかげで、向上心を維持できたのだ。

意識しすぎる必要はないが、自分よりも才能のある人が存在する環境に身を置けたときは、絶好の機会に恵まれたと思ったほうがいい。

周囲への感謝の気持ちを忘れないことは大切なのだが、その一方で、プロ、アマ問わず、日本のバスケを見ていると、チームメイトやチーム全体に気を使いすぎ、個人の成績を二の次にしてしまう傾向があるようにも感じる。事実、Bリーグの選手のなかにも、そういう人は少なからず存在する。

もちろん、チームの勝利が大前提だが、個人の成績をもう少し大切にし、自分を前面に出してもいいのではないか。何もかも外国のやり方がいいと言うつもりはまったくないが、ことバスケに関しては、それを強く思う。

自分を前面に出してばかりいると、「自己中心的だ」とか「チームプレーを蔑《ないがし》ろにしている」と思われる恐れもある。そこはうまくバランスをとりながら、我を通すところは通すべきだ。

僕の場合、Bリーグの「レギュラーシーズンベスト5」に選ばれたいと思って、プレーしている部分がある。個々のプレーヤーが活躍すれば、それが結果的にチームの勝利にもつながってくる。単に自己中心的になるのではなく、最終的にはチームと自分の両方のためになるようにプレーしたいという願望がある。このスタンスはこれからも変えないでいくつもりだ。

23

「平常心」で未来に備える

新型コロナウイルスの流行に伴いシーズンが中止となり、プレーができない状態が長らく続くと、「不安ではないか?」「焦りを感じないか?」など、自粛中の心境を聞かれる機会が増えた。こうした問いに僕はいつも「不安もないし、焦りもない」と答えてきた。

僕の心境をひと言で表すとすれば「平常心」となる。

2020年は新型コロナウイルスの流行が多くの人にダメージを与えたが、日本の場合、洪水や地震といった自然災害が毎年のように起き、被害が発生する環境にある。僕たちは、こうした状況と常に隣り合わせで生きているのだ。生きていれば、人間の力ではどうにもならない事態に遭遇することがあるものだ。シーズン中止は残念だったが、Bリーグがなくなるわけではない。

選手としては、焦らず平常心を保って事態が収束するのを待つだけだ。

もっとも、所属チームの存続が危ぶまれていたり、契約ができなかったりという境遇に置かれた選手にとっては、その影響は大きく、「平常心」なんて言っていられないかもしれない。また、プロの世界に限らず、中学生、高校生をはじめアマチュアの世界でも、軒並み大会が中止になってしまった。特に3年生にとっては、これまで3年間の成果を試す機会が失われたわけだ。

僕自身、そうしたシチュエーションを考えたりもする。たとえば、自分が中学3年生で全中に出場する直前で新型コロナウイルスが流行し、全中が中止になってしまったとしたら、どう思っただろうか？　などと想像してみるのだ。確実にやりきれない気持ちになっただろう。

ただし、新型コロナウイルスの流行は、自分ではどうすることもできない類《たぐい》の問題である。誰が悪いわけでもないのだ。こうした状況を乗り切れば、必ずその先に何かが見えてくる。

悪いことのあとには、その反動でいいことが起こるケースも多い。大切なのは、状況が改善したときのことを考えて、いまからそれに備えておく姿勢だと思う。

太郎ホーム
GL7X

CHAPTER 4

才能を伸ばすために何をすべきか

24

長所を磨いて短所を補う

物心ついたころからバスケは身近な存在であり、小学生になってからは実際にプレーしてきた。こんな話をすると、「飽きませんか?」と聞かれたりする。だが、僕はこれまで一度もバスケに飽きた経験がない。

バスケと言っても、試合もあれば、コツコツとこなしていく練習もある。**僕の場合、練習が好きでたまらないというわけではない。しかし、練習が嫌になったことは一度もない。**

個人差はあるにしろ、練習はやればやるほど、バスケはうまくなる。ウェイトトレーニングしても、やればやるほど体ができてくるのは分かっているので、やると決めたら全力を傾けるように心がけている。これらすべてがバスケを上達させるための糧《かて》となるのだ。そう思えば、つらいことはほとんどない。

コートに立って、ボールを手にした瞬間、体にスイッチが入ったような状態になり、

気持ちが沸き立ってくる。そのたびに、「やっぱりバスケが好きなんだなあ」といつも実感する。この感覚がなくならない限り、僕はバスケを続けていくだろう。

日によって、確かに気持ちのアップダウンはある。そんなときは、すでに述べたように、周囲の人たちに助けてもらいながら、徐々にやる気を高めていく。一度エンジンがかかってしまえば、あとはいつものように体が動いてくれる。こうして僕は、自分のコンディションを維持するようにしている。

バスケのプレーに関して言うと、僕は自分の長所を積極的に伸ばしていこうとするタイプの選手だ。反対に、バランス重視で短所の克服に力を入れる選手もいる。これは人それぞれなので、正解はない。

僕の場合、長所はオフェンスで、短所はディフェンスとなる。ディフェンスが短所というのは、身長が低いというハンデがあるからだ。やはりディフェンスは、身長が大きくモノを言う。それを補うために、当たり負けしないような体づくりをしたり、フットワークをよくするためのトレーニングをしたりしている。しかし、それでも限界はある。

24

加えて、センスの問題もある。ディフェンスの上手な選手は、コート上の位置取りに秀でている。理屈ではない部分で、肝心なときにいいところに入り込んでいるのだ。そういう選手たちを見ていると、どう頑張っても勝てないなと思ってしまう。

そこで僕は、自分の長所であるオフェンスを伸ばすほうに力を入れている。たとえば、3ポイントシュートの精度を高めたり、プレーのスピードに磨きをかけたりすることが僕にとってより重要なのだ。

選手は十人十色で、本当にいろいろなタイプの人がいる。

褒められて伸びるタイプもいれば、怒られて伸びるタイプもいる。もしくは、細かく指導されたほうが伸びる選手がいたり、細かい指導を受けずとも自力で修正して弱点を克服できたりする選手もいるのだ。

僕の場合、怒られたり、細かい指導をされたりして伸びる選手ではないと思う。そうかと言って、そうした指導によって潰れてしまうこともない。そのへんは、調子がいいというか、適度に受け流しができる人間なのだ。

仮に将来、指導者を目指すようになったとしたら、自分の指導法の確立とは別に、選手たちのタイプをしっかりと把握することに力を入れると思う。

ただし、いまの時点で将来、指導者になろうとはまったく考えていない。ベンチで選手たちがプレーしているのを見ているだけというのは、かなりのストレスになりそうだからだ。

そう考えると、選手たちも、もう少しヘッドコーチの心情を察してあげてもいいのかもしれない。自分のイメージとかけ離れたプレーを見なければならないときは、さぞかし歯がゆいことだろう。

僕はやはり指導者には向いてなさそうだ。

25

瞬発力で勝負する

子どものころ、運動神経が抜群だったかというと、そこまでではなかった。

小学校、中学校と、学年では一番の俊足だった。とはいえ、市内の学校が集まって陸上大会をやるとなると、1位は取れなかった。そうしたレベルであり、ずば抜けて足が速かったわけではない。

バスケ仲間で言うと、100メートルを走らせたら渡邊雄太選手（現・メンフィス・グリズリーズ）のほうが僕より速いし、さらに速いのは八村塁選手（現・ワシントン・ウィザーズ）だ。八村選手は本当に速い。真剣に陸上をやっていたら、おそらく100メートル9秒台を出していたと思うし、いまでも1カ月くらい集中的に練習して、陸上用のスパイクを履いて走ったら、10秒台を出すのではないか。そう思わせるほど、彼はものすごく足が速い。

僕は、周囲から足が速いと思われているが、実はそれほどではない。

ワールドカップの前に開かれた代表の強化合宿で、コートを2往復する単距離競争をしたことがあった。その際、渡邊選手や八村選手には勝てなかったし、馬場雄大選手（現・メルボルン・ユナイテッド）にも負けた。

それなのに、プロバスケの世界で生き残れるのは、ドリブルをしながらでもスピードが落ちないためだろう。それから、瞬発力の高さだ。

バスケでは、攻守の切り替えの速さがとても重要視される。したがって、そこでどれだけ敏捷《びんしょう》に動けるかが、選手の能力を示すバロメーターとされ、速く動ければ動けるほど評価は上がる。つまり、瞬発力が求められるスポーツと言ってもいい。

短距離走をしたら、この人には敵《かな》わないという選手がBリーグにはたくさんいる。ただし、瞬発力に関して言うと自信がある。

それにはテクニックの要素も含まれている。素早く見せるために、動くと同時にフェイントをかけたりする。運動能力というより、実際には技術の部分も大きいのだ。身長が低くても、工夫をすればいくらでもやりようはある。これは、どんなスポーツにも言えることだろう。

自分に対するイメージをうまく利用して、相手を翻弄《ほんろう》する。これができれば、勝負の

25

世界では強力な武器になる。

では、すべての動きに対して常に工夫を施しているかというと、僕はまだその領域には至っていない。冷静に分析してみると、結果として武器になっているという場合がまだ多い。じっくりと考えながら、自分の動きについてより理論的に動くようにすれば、いま以上の力が得られるかもしれない。今後はその点をもっと突き詰めていってもいいだろう。

金太郎ホーム
2
7

26

ポジティブな姿勢が運を呼び込む

自分は本当にツイている人間だと思う。何かと運がいいのだ。

最初にそう感じたのは、中学3年生のときだった。中学生最後の年に、地元新潟で全中が開催され、この絶好のチャンスを逃さず優勝できたからだ。

地元開催は、移動が少なくて済んだり、慣れ親しんだ環境でプレーできたりというメリットがあるため、地元チームにとっては非常にやりやすい。このとき僕は、「ツイてるな」とつくづく感じた。

アメリカとイタリアで海外挑戦をし、その後、日本に戻ってきた2年目にBリーグがスタートしたのも自分にとってはタイミングがよかったと感じている。さらには、現役の間に自国でのオリンピック開催を迎えられるのもツイていると思う。

これまでのバスケ人生のなかで、僕の目の前にはさまざまな選択肢があった。高校進学や卒業後の進路についても、いくつもの選択肢があり、自分で進むべき道を選んで

いった。そして、どのステップでも結果的にうまくいっている。これで「運が悪い」なんて言ったら、バチが当たるだろう。

アメリカの高校卒業後、日本に帰ってきて、秋田ノーザンハピネッツでプロデビューを果たした。すでに述べたように、高校のコーチからは「ディビジョン2でもいいから、アメリカの大学に進学したほうがいい」と言われ、「1年やってダメだったら、日本に帰ってプロの道を探ればいいじゃないか」とアドバイスされていたのだが、僕は自分の決心を曲げずに帰国している。

いま考えてみると、秋田でプレーした1年半はとても貴重な時間で、そこでプロとしての自分のスタイルを確立できたと言ってもいい。もしもアメリカの大学に進んでいたら、逆にNBAへの挑戦はかなわなかったかもしれない。

2019年、僕はBリーグで日本人初の1億円プレーヤーになることができた。これは、観客動員ナンバーワンを誇る千葉ジェッツに入ったから実現したことであり、その他のチームだったらかなえられなかったかもしれない。これもある意味、運であり、チームに恵まれたからこそ達成できたのだ。チームの運営を手掛けてきた島田慎

26

二社長の下でプレーできたのも、自分にとってとても運がよかったのだ。

そもそもジェッツ入団1年目を終えた時点で、僕は移籍を考えていた。だが、2年目になって大野篤史ヘッドコーチが指揮をとることになったため、僕はもう1年、ジェッツでプレーしようと決断したのだ。

その時々で、いろいろなことがいい方向に動いているという実感が常にある。細かく考えて決断したつもりはないが、結果的にうまく回っていくのだから、世の中は本当に不思議だ。

運というのは、物事をどう捉えるかによって変わってくるのかもしれない。たとえば、2019年のワールドカップで僕は代表選手として招集されたが、練習中に腕を骨折してしまい、試合に出ることができなかった。

ある人はこれを見て、「なんて不運なんだ」「ツイてない」と思うかもしれない。だが、当の本人は「練習中のケガだけはどうすることもできない」と捉え、不運とは思いもしなかった。

自分は運に恵まれている――。

こう考え、そして実際に運を呼び込むには、常に前向きに考えるポジティブな姿勢が

大切だと思う。これは誰にでも当てはまるのではないだろうか。僕はあまり悩まない性格だし、楽観的なので何かに対して怖がったりもしない。

運がいいことが続くと、反動で何か悪いことが起こるのではないかと心配する人もいるだろう。しかし僕は、そういう感情にとらわれることもないのだ。

何があっても、起きた出来事をネガティブに捉えない。その姿勢が運を自分に引き寄せるのだと思う。

27

すべてのアドバイスを聞く必要はない

バスケをプレーするときは、自分の感覚を大事にしている。僕にしか分からない感覚があり、それを説明するのはなかなか難しい。

コーチのなかには、「さっきのタイミングで、どうしてパスを出さなかったのか?」「こっちにスペースがあるんだから、あと半歩分、体を動かせ」など、細かい指導をする人もいる。ただ、それを言われても、僕からすればそうした状況は見えていたけど、感覚が合わずにパスを出さなかったり、あえて動かなかったりする場合もある。

すべて言いなりになっていたら自分のプレースタイルを見失ってしまう危険性がある。

自分の感覚を頼りにして自分の考えたとおりにやったほうが結果を出せる人間なのか、いろいろとアドバイスされたほうが結果を出せる人間なのか、これについてはなるべく早い段階で自覚しておいたほうがいいと思う。

細かいことを言われるのが苦手で、どちらかというと自分の感覚を信じて行動する人なら、細かい指導者の下でプレーするのはストレスになるだろう。

その一方で、細かくアドバイスを受けながら伸びる人は、そうした指導者の下でプレーしたほうが自分の能力を発揮できる可能性は高くなる。

このことは、会社の上司と部下の関係、親子の関係、夫婦の関係など、日常生活のあらゆる場面にも当てはまるのではないだろうか。人とコミュニケーションをとる際には、自分がどういうタイプの性格なのか、相手がどういうタイプの性格なのかを把握しておくとやり取りはスムーズにいく。

僕の場合、何かを言われて、話が耳に入ってくる人と、入ってこない人がはっきりと分かれている。**その分かれ目は何かと言うと、自分がその人を信頼しているかどうかだ。**たとえ同じ内容の言葉でも、相手との関係性によって、受け止め方がまったく違ってくる。

自分の耳に入ってこない言葉を呟《つぶや》く人は、その時点で自分と波長が合わない人と考えていい。意図的に選別する必要はないが、アドバイスについては全員の話を聞く必要はないと僕は思っている。

27

こう思うようになるまで、僕なりに試行錯誤を繰り返してきた。

試合に出られない日々を過ごしていたころ、コーチの言うことに耳を傾け、言われたことにしたがうようにした。そうしないと試合に出られないので、無理にでも聞こうとしたのだ。だが、あるときにそれをするのをやめた。自分の能力を発揮するためには、プレースタイルを無理に変えるべきではないと思ったからだ。これは自分としては大きな決断だった。

もちろん、試合には出たいので、かなりの葛藤があった。でも僕は、自分を曲げずに我を通した。結果的に、その苦境を乗り切ったからこそ、いまがある。

だからと言って、コーチが間違っていたというつもりはまったくない。その時点で僕と波長が合わなかったというだけの話なのだ。人の間には、こうした関係がどこにでも存在する。相手を恨んだり、傷ついたりする必要はない。

いずれにしても、基本はまず相手の話を聞いてみることだ。聞くだけなら、マイナスはない。一度相手の話を聞いてみて、それを聞き入れるかどうかは、自分で決めればいい。

金太郎ホーム
2
G-SHOCK

28

「壁」は気持ち次第で突破できる

現在、20代の僕は、さほど長い人生を歩んできたわけではない。それを踏まえた上での話になるが、どこに行っても大きな失敗をすることもなく、比較的順調に生きてきたと思っている。幸い、予想していたよりも悲惨な現実に直面するという経験もしたことがない。

アメリカの高校に留学すると決めたとき、正直なところ、どこまで活躍できるか想像できない自分がいた。これまでのレベルとは、次元の異なるところへ行くからだ。ところが実際に行ってみると、1年目から試合に出られ、まったく歯が立たないという経験をせずに過ごせたのだ。

日本に戻ってきてプロになったときも、自分が想像していた以上にしっかりとプレーできたので、予想を下回る状況には陥っていない。

「まったくできなかった」という経験をしたことがなく、目の前に立ちはだかる大きな

「壁」に前途を閉ざされた記憶がこれといってないのだ。

だからといって、自分に自信があるわけではない。アメリカに行ったときも、自信があったわけではなかった。身長2メートル以上の選手が大勢いる世界で167センチしかない僕が挑戦しようというのだから、自信なんてあるわけがない。それでも僕は「壁」にぶち当たったという感覚にはならなかった。要は、気持ちの持ちようなのではないか。

シーズンベスト5に選ばれたり、MVPを受賞したりと、僕の名前はBリーグの選手のなかでは目立っているのかもしれない。

ただし、冷静に考えてみると、ワールドカップに出場して活躍した実績もなく、アンダーカテゴリーの国際大会にも数回しか出ていないので、世界での経験値は少ないほうだ。

アメリカの高校やDリーグでプレーした経験は大きいかもしれないが、海外や国際大会で活躍できる自信があるかと言ったら、それに関しては確信を持てないのだ。

そもそも、代表チームにコンスタントに招集されるようになったのは、フリオ・ラ

28

マス氏がヘッドコーチになってからだと言っていい。それまでは、招集されても試合に出してもらえないことのほうが多かった。

Bリーグがスタートし、それ以降、リーグで活躍している選手が代表に選ばれるようになってから、ようやくコンスタントに招集されている。いまはただ、代表チームでの試合に全力を傾けているところだ。

僕はプレッシャーを感じない人間だ。最近は、緊張もほとんどしない。

しかし、以前はそうでもなかった。アメリカの高校に留学し、1年生のときに出場した最初の試合は緊張した。その後もかなり緊張して、バスケをやるために留学したのに、試合に出たくないと思うことさえあったのだ。あの当時、どれだけ練習を積み重ねても、僕は自信を持てなかった。

ポイントガードとしてスタメン出場する機会もあったのだが、「ミスをしたらどうしよう」という気持ちが先立ち、試合に出るのがとにかく怖かった。恐怖がなくなったのは、場数を踏んだためだった。ある試合で、ちょっとしたワンプレーがうまく決まり、いい結果が残せたのだ。そこから僕の気持ちは一瞬で変わった。

ちょっとしたことがきっかけで、人の気持ちはがらりと変わる。この瞬間を見逃さず、しっかりと捉えてパワーにする必要がある。

ＮＢＡのサマーリーグでの最初の試合でも僕は緊張した。緊張するのは、決まって自分に自信がないときだ。

このときも、最終的に緊張から解き放たれている。克服方法は単純だった。出場３試合目の第４クオーターで出場機会が巡ってくると、僕は12得点を記録できたのだ。何かが一気に吹っ切れたようだった。次の４試合目、僕は少しも緊張しなかった。

緊張から解き放たれ、自信を持てるようになるポイントは必ずどこかにあるものなのだ。それが見つかれば、必ず結果はついてくる。僕はいつもそう信じている。

29

ネガティブなイメージを引きずらない

2015年秋に千葉ジェッツに入団してから5シーズンを過ごし、10月から6シーズン目を迎える。1年目を除き、勝率は7割以上と高い水準にある。チームの調子に多少の起伏が見られても、ジェッツが強豪チームになったことは間違いない。

それだけに、連敗となるとチームとしては一大事となる。そういうときは、素早く切り替える必要がある。

勝てないときは、とにかくその理由をじっくり考えることだ。理由が見つかれば、そこを改善していけばいい。これを着実に繰り返していけば、再び勝利の波に乗れる。それ以外に方法はないのだ。

僕が負けた試合の振り返りをするときは、ネガティブなイメージをいつまでも引きずらないようにしている。「ああすればよかった」「こうすべきだった」とミスを悔いるのではなく、修正箇所に対しては、ポジティブなイメージのなかで次の試合に臨む準備を

する。そのほうがいい結果を引き出せる。

2019年、中国で行なわれたワールドカップに日本代表が13年ぶりに出場したことは前述したが、その道のりはかなり厳しいものだった。ワールドカップ出場国を決めるアジア地区予選で、初戦からいきなり日本は4連敗を喫する。初戦となるフィリピン戦をホームで落とし、アウェーでオーストラリアにも負けた。その後、僕は練習中に骨折し、代表チームから離脱してしまい、この間に行なわれたアウェーでのフィリピン戦、ホームでのチャイニーズ・タイペイ戦も落としてしまう。

このときも、僕は連敗の理由についてじっくりと考えていた。

連敗の理由は、自信の欠如だったような気がする。実はこのところ、日本代表チームはフィリピンにほとんど勝った経験がない。そうした事実もあり、日本チームには自信が足りなかったのではないだろうか。

初戦となったフィリピン戦。日本チームは万全の態勢で臨んだ。にもかかわらず、接戦を落としてしまった。接戦をものにできなかったのは、やはりチーム全体で「絶対に勝てる」という意識を持ち切れていなかったせいのように思う。そして、この負

29

けを引きずって、続く3試合も落としてしまった。

この4連敗から8連勝し、ワールドカップ出場を決めることができたのは、5戦目にオーストラリアに勝ったことが大きい。オーストラリアは国際大会でもメダルを狙える実力を持つ強豪である。ここに勝ったことで、その後の相手には負けるわけがないという自信が持てたのだ。

自信をつけるには、場数を踏みながら、実力をつけていくしかない。今後日本が世界で勝てるようになるためには、やはり海外でのプレー経験を持つ選手が増え、国内でも外国人選手と日常的に対峙《たいじ》し、海外の選手を相手にしてもやれるという自信をつけていくことが必要だろう。これについては、サッカーの日本代表チームの成長の過程を見れば、分かってもらえるだろう。

再びジェッツの話に戻ろう。

高勝率を維持しているジェッツだが、Bリーグではまだ一度も優勝したことがない。

2018-2019年シーズンは、8割6分7厘というリーグ史上最高勝率を収めてレギュラーシーズンを終えたが、[*12]チャンピオンシップのファイナルでは、アルバルク東京に4点差の惜敗を喫し、準優勝に甘んじた。

プレーオフはトーナメント形式の短期決戦のため、チームの完成度がいくら高くても、小さなほころびがきっかけで相手に勝利を持っていかれてしまったりする。

アルバルク東京には、代表メンバーの田中大貴選手や馬場雄大選手が所属していたので、100%の力を発揮されたら手強《てごわ》いことは分かっていた。それでもジェッツには「勝てる」という自信はあった。それでも負けてしまったのだから、仕方がない。相手が一枚上手だったのだ。

Bリーグが始まって、早いもので5年目となる。これ以上、ファンを失望させ続けるわけにはいかない。過去2年連続、ファイナルで負けて僕自身も悔しい思いをしてきた。しかも今季はシーズン開幕前に、僕は大野ヘッドコーチからキャプテンに指名された。2020-2021年シーズンの目標は、もちろん優勝しかない。

＊12 Bリーグ、レギュラーシーズン終了時の上位チームによって行なわれるプレーオフ・トーナメント。2020-2021シーズンは、B1の場合、東地区、西地区それぞれ10チームずつに分けられレギュラーシーズン（対同地区36試合＋対他地区24試合＝計60試合）を戦い、各地区の順位を決める。その後、各地区上位3チームと、そこを除いた全体での勝率上位2チームの計8チームが、トーナメント方式で行なわれるチャンピオンシップに進むことができる。

XFLAG
2
TOGASHI

CHAPTER 5

自分の力を最大限に発揮する

30

「マイナス」ではなく「プラス」の発想

中学卒業後、すぐに渡米し、そこで僕はアメリカのバスケを経験した。「戸惑いはなかったか?」とよく聞かれるのだが、アメリカのバスケについては事前に話を聞いていたので、「聞いていたとおり」と思ったぐらいだった。ただし、戸惑いはなかったとしても、それにすぐに順応できたかどうかは、また別の話となる。

日本のバスケに比べ、アメリカのバスケはアグレッシブであり、個々の選手は積極的にボールをキープしようとする。

留学先の高校のバスケ部で初めてプレーしたとき、僕はチームメイトたちのように積極的なプレーができなかった。そして、そんなプレーヤーにボールを回してくれるような仲間はいなかった。アメリカでは、コートに立つメンバーのなかで、一番上手な選手がボールを支配するというシンプルなルールで成り立っている。

日本よりはるかにバスケが浸透しているアメリカでは、体育館や街中《まちなか》のバスケットボールコートで、たまたまその場にいた人たちが即席でチームをつくり、自然発生的に試合が始まることがある。僕の通っていた高校では、個人練習をしていたバスケ部の部員たちがなんとなく集まり、遊び感覚で試合が始まることもよくあった。

この手の非公式のゲームでは、個人の積極性がより前面に出てくる。したがって、自分でボールを獲りに行かなければ、ボールが回ってくることはほとんどなく、積極的にプレーしないと一度もボールに触らずに試合が終わってしまったりする。

一方で、分かりやすい側面もある。それまでなかなかボールに触れられなくても、ゲーム中にちょっといいプレーを1、2回繰り広げたりすると、雰囲気が一瞬で変わり、ボールがいきなり回ってくるようになるのだ。この点では、アメリカのバスケは分かりやすく、実力主義が徹底している。

新入りの選手が来たから、ボールを回してあげてチームに慣らしてあげよう——。日本の場合、たとえそれがプロのチームであっても、新たなメンバーが入ってきたら、最初はその人にパスを回し、仲間に迎え入れる気遣いを見せる。しかし、アメリカのバスケではそんなことは滅多に起きない。

30

昨シーズンの途中、大学を卒業したらBリーグでプレーをしたいという選手がトライアウトのためにジェッツにやって来て、僕たちの練習に参加した。その際、僕たちは、将来、チームメイトになるかもしれない彼にもボールを回し、迎え入れる意思を表した。

日本では当たり前の気遣いと言っていいだろう。しかし、アメリカではこうした気遣いは期待できない。

では、こうした日本のスタイルを外国人選手たちはどう見ているのだろうか。彼らはよく「日本人は人がよすぎる」と口にする。個人とチームのバランスを重視しなくてはならないのに、チームのことに重点を置きすぎる選手が多いという印象を抱くようだ。自分が活躍することをもっと考えるべきだと呟《つぶや》く外国人選手は少なくない。

確かに、彼らの言うことには一理ある。ただし、それにしたがえばいいかというと、そうでもないというのが僕の考えだ。

気遣いや謙虚さを日本人から取り除こうと思っても、なかなかできるものではない。無理にしようとすれば、どこかで調子が狂ってしまう恐れもある。

むしろ、こうした日本人的なメンタリティーを維持しながら、弱いとされる積極性や

個人主義を磨いていったほうがいい。

実際に積極性を磨こうとしても、なかなか外国人選手たちのようには振る舞えないだろう。生活してきた環境が違うので、当然だと思う。しかし、意識をしていれば、確実に磨かれてくる。それができれば十分だ。

もともとあるものをマイナスしてバランスをとるのではなく、ないものをプラスしていったほうが無駄はないし、効率もいい。

これについてはバスケに限らず、すべての分野に共通して言えると思う。

31

「自信」が「信頼」をつくる

接戦となった試合の最後にボールを保持している選手。これが僕の理想としている選手像だ。**1点を争うゲームでの最後のプレーでボールを持つことを許されるには、得点能力が高く、チームを勝利に導ける実力を有していなければならない。**

いまのところ、ジェッツで僕がそうした場面でボールを持っていても、不満を口にするチームメイトはいないと思う。仮にシュートを外しても、文句は言われないはずだ。これまで地道に実績を重ねてきたことで、チームメイトからの信頼を勝ち取ったからだ。

この信頼は、これからも絶対に維持していきたい。

2019 - 2020年シーズンまで、ジェッツにはアメリカ人のカルバン・オールダムアシスタントコーチが所属していた。彼は普段からしばしば話しかけてくれ、助けられる場面がよくあった。特に次の言葉は、いまでも忘れられない。

「どんな試合状況であっても、誰が何と言っても、常にボールを持ち続けろ。パスするなり、シュートするなり、自分の判断で迷わずに行け。それがチームにとってのベストだから」

こう言ってくれれば、自信にもなるし、思い切りのいいプレーもできる。彼の言葉に鼓舞されて、臆せずにプレーすることがチーム内での自分の責任だと思えるようになったのだ。

「どんなに調子が悪くても、常にポジティブでいろ」

カルバンコーチは試合前やハーフタイムにこう言いながら、いつも僕の背中を押してくれる存在だった。

チームメイトから信頼を勝ち取るには、まずは試合で結果を出さなくてはならない。それに加え、練習でも仲間から一目置いてもらう必要があるだろう。自分が納得できる練習メニューを組み、試合と試合の間にはしっかりとそれをこなす。そういう姿勢だけは崩さないように心がけている。

31

かといって、練習だけを真面目《まじめ》にやっていればいいという単純な話でもない。プロセスにしても試合での結果にしても、誰の目から見ても分かりやすい形で示すことが重要だ。

試合の最後で、仮にシュートを外して負けたとしよう。このときに、**「富樫が外したのなら仕方がない」と周囲から思ってもらえるくらいの圧倒的な信頼を勝ち取りたいと僕は思っている。**

信頼を勝ち取り、結果もコンスタントに出し続けられるようになると、次第に自信がついてくる。僕のバスケ人生は、これの繰り返しだったように思う。

僕は、小学4年生のころから試合に出てきた。しかしこのときは、5、6年生を相手にしなくてはならないので、なかなか思うようにプレーできなかった。その後、6年生になると、ある程度、動けるようになったが、残念ながら自信満々という域にまではたどり着けずに終わった。

中学1年生になると、レギュラーではあったが、中2、中3の先輩を相手にする必要があったので、やはり圧倒的な自信を身につけるまでには至っていない。ようやく自分のプレーに自信を持てるようになったのは、中学3年生になってからだった。

そしてアメリカの高校に行き、再び新たな繰り返しが始まった。高2、高3を相手にするというハンデだけでなく、アメリカの高校生のレベルは基本的に高いので、その差を縮める必要もあった。必死になってギャップを埋めようとしていくうちに、徐々に思い描くプレーができるようになり、ようやく自信がついてきたのだ。

日本に帰国後、プロとして新たな環境での挑戦が始まり、再び自信をつけていった。

これだけ何度も自信の獲得と挑戦を繰り返していけば、新たな環境に行っても、どうすれば再び自信を獲得できるかが分かってくる。そのおかげで、これからどんな環境に身を置いても、自信だけは必ず得られるだろうという感覚はある。

1つだけ言えるのは、一度の挑戦から永続的な自信を得るのは無理だということ。挑戦し続けるからこそ確固たる自信が生まれ、新たな挑戦も怖いものではなくなっていく。

僕は自らの体験を通してそれを知ることができた。

32

過去よりもいま、そして明日を考える

ケガで2019年のワールドカップ本戦に出られなかった――。

この事実は、重い。僕は、チームの一員として予選を戦い抜いてきた1人だった。ケガで出場できなかった時期はあったものの、出た試合では、半分以上の時間をコートの上でプレーしていた。

チームづくりにも積極的にかかわり、ワールドカップ本戦に向けては、強化合宿の段階から、ポイントガード陣としては、篠山竜青選手（現・川崎ブレイブサンダース）、ベンドラメ礼生選手（現・サンロッカーズ渋谷）、僕の3人を中心に固め、中国での試合を心から楽しみにしていた。そんな矢先に起きたケガだった。

僕の代わりに急遽《きゅうきょ》招集されたのが、アルバルク東京に所属する安藤誓哉選手だった。合宿はもちろんのこと、予選が始まってからの練習にも参加していない彼にとって、いきなり代表チームに合流するのは大変だっただろう。

バスケは球技のなかでも、選手間の意思疎通が必要なスポーツだ。それだけに、メンバーが1人代わるとなればインパクトは大きく、チームに与える影響は計り知れない。僕が急遽出られなくなってしまったことは、チームに大きな負担をかけたと思う。

個人的な思いとしては、友人である八村選手や渡邊選手と一緒にプレーしたかった。アメリカで活躍する彼らにも、日本代表としてワールドカップに出たいという、強い気持ちがあるのは知っていた。

アメリカで活動している彼らは、所属するチームのスケジュールの関係で、代表に合流できる期間が限られていた。加えて、彼らが参加できた試合では、僕はケガで代表から外れていた。そのせいで、僕は彼らと一緒に練習することもできなかったのだ。だから、ワールドカップ前の合宿で、彼らと練習している時間は本当に楽しかった。そうしたなかでの骨折だったので、「出たかった」という気持ちは残ったが、落ち込んだり、引きずったりすることはなかった。

すぐに気持ちを切り替える。これはすごく大切なことだと思う。過去を何度振り返ろうが、いまの状況は変わらない。だから僕は、起きてしまった出来事に関して、いつま

32

でもこだわることはしない。それよりもいま、そして明日のことを考えたほうが絶対にいいに決まっている。

自分を含め、日本の選手たちの意識はここ数年、著しく変わってきていると思う。その理由は、やはりBリーグの存在にあると言っていい。プロとして、盛り上がりを見せるリーグにいれば、当然、選手のモチベーションも上がる。

Bリーグで力を発揮する一方で、代表チームに入ってワールドカップやオリンピックのような国際大会に出場したいと願う選手も多い。Bリーグで頭角を現し、代表入りして刺激を受け、再びBリーグに戻って成長する、さらには海外挑戦するという流れもできつつある。

東京オリンピックの開催が延期されたのは残念だったが、2021年のオリンピック、そしてその先の2023年のワールドカップに向けて、選手たちの意識が再び高まってきているのは間違いない。その傾向は、僕よりも若い世代になるほど顕著になっている。これは実にいい兆候だ。

JAPAN
BASKETBALL
SoftBank
FUJITSU

33

他人と比べてもいいことはない

新型コロナウイルスの世界的大流行が収束の兆《きざ》しを見せないいま、２０２１年に延期となった東京オリンピックが予定どおりに開催されるかどうかはまだ分からない。いまはただ、開催されることを信じながら、コンディションをベストにしておこうと考えている。

以前、水泳の日本代表選手と話をしていて、ハッとさせられることがあった。

「水泳選手の多くにとって、オリンピックが最高の舞台であって、ＢリーグやＪリーグのようにプロリーグを抱えるスポーツの選手とは意気込みが違う」

彼はこんな内容の話をしてくれたのだ。

確かに、バスケ選手にはオリンピック以外にもＢリーグという晴れの舞台がある。そのため、僕たちの気持ちのなかには、「オリンピックがダメでも、自分にはＢリーグがある」という甘えが生じる隙がどこかにあるのかもしれない。しかし、この水泳選手の話を聞いてから、改めて気持ちを引き締めることにした。

日本代表選手としてバスケをプレーできるのは、僕にとってこれ以上ない大きなチャンスであり、本気度を最大限にまで高めて結果を出そうと考えている。

男子日本代表チームは、残念ながら2019年のワールドカップで第2次ラウンドに進出できなかった。**僕自身も、不本意な形ですべての試合に出られなかったという後悔がある。オリンピックに向けて、僕の士気はかなり高まっている。**

代表戦に特別な思いを感じるのは、世界を相手に戦えるからにほかならない。オリンピックという国際舞台の先には、小さいころからの憧れであるNBAという存在がどうしてもちらついてくる。

NBAに対しては、どれだけ時を経ても、小学生のころに抱いた印象から変わらない。世界でトップのリーグであり、憧れの世界のままだ。

下部リーグであるDリーグに挑戦し、NBAの片鱗《へんりん》に触れた経験のある僕でも、いまだにネット配信でNBAの試合を見るたびに小学生のころの感覚に戻り、いちファンとしての興奮を覚えてしまうのだ。同じバスケでも、NBAは別格だ。選手、繰り

33

出されるプレー、観客、スタジアムの雰囲気。これらのすべてを含めて、僕の知っているバスケとは、違う次元にあるもののように感じる。

オリンピックなどの大きな国際舞台でプレーをし、これからも自分をどんどんアピールしていきたいというのが僕のいまの気持ちだ。

それを評価してくれるチームがあり、再び海外でプレーできるチャンスがあれば、臆せずに挑んでみたい。簡単でないのは百も承知だが、最後に目指すところはＮＢＡである。この希望は、バスケをするためにアメリカに高校留学したころから変わっていない。

それだけに、ＮＢＡでプレーするチャンスをつかんだ渡邊選手と八村選手からは目が離せないし、友人としていつも応援している。

２人はアメリカの大学で学び、その後、ＮＢＡのチームと契約した逸材であり、日本のバスケ界を引っ張る存在だ。

渡邊選手とは、僕が17歳、彼が16歳のときに日本の代表に選ばれて、台湾で行なわれた国際大会に育成チームのメンバーとして一緒に出場した経験がある。

５つ年下の八村選手とは、実はいつ出会ったのかははっきりと覚えていない。彼は僕の出身地である新潟県の隣県である富山県の出身で、奥田中学校というバスケの強豪校に通っていた。この中学校と僕の出身中学は、年に一度は必ず交流試合をするような関係だったので、彼が中学生のころから存在だけは知っていた。

その後、高校バスケの名門である明成高校に進み、ウインターカップ[*13]での活躍を見て、すごい選手だなと感じたのを覚えている。

僕、そして渡邊選手と八村選手の3人は、アメリカでのバスケを経験し、成長していったという共通点がある。僕らの姿を見て、「自分もアメリカに行きたい」と思う子どもたちが増えたら、僕としても嬉《うれ》しい限りだ。

アメリカに行ったからといって成功できるという保証はない。だが、いい経験になるのは間違いない。

バスケに限らず、他のスポーツやスポーツ以外の分野でも、海外で力を試したいと思っている若い人もいると思う。学生時代に海外に行き、日本とはまったく違った世界を経験してみる行為にデメリットは一切ない。

33

「実際にアメリカ行きを決めた人に僕からアドバイスするとしたら、「他人と自分を比べない」ということだろうか。

これは高校時代の僕が抱いた実感だった。

1年目、僕は自分よりもはるかに体の大きなチームメイトたちを見て、彼らに負けないように筋力をつけようと思い立ち、ウェイトトレーニングに力を入れた。

ところが、同じメニューのトレーニングをこなしていっても、筋肉のつき方がまったく違うのだ。僕以外のチームメイトは、かなりの早さで筋力を増強し、体つきがみるみるうちに変わっていくのに対し、僕の体にはなかなか変化が現れなかった。明らかな違いを目の当たりにして、僕は「他人と自分を比べてもいいことはない」と思うようになった。

見習うべき人の姿勢などを見て、それを吸収しようとするのは悪い考えではない。だが、それらがすべて自分にフィットするとは限らないのだ。

自分の成長が人より遅かったとしても、相手のしていることをいくら真似《まね》たところで、同じ結果を得られるわけではない。自分と他人は違うのだ。大切なのは、比べたり真似たりすることよりも、自分をよく知って、自分に合った解決法を見つける姿勢だ。

自分の強みや弱みを熟知した上で、自分だけの強みを伸ばし、弱みを克服していったほうがより効率的に成長できるだろう。

それに気がついてからは、ウェイトトレーニングでチームメイトたちと競うのはやめた。その代わり、僕は自分のシュート力を磨こうと思い、他の選手よりもシュートの練習時間を長くして、とにかく1本でも多くのシュートを打つことに集中した。

高校を卒業するまで、僕の体はチームメイトに比べて小さなままだったが、シュートに関しては彼らに負けない自信を持てたのだ。

人はそれぞれ異なる特徴を持っている。自分らしさを失わずに、自らにとってベストなものを見つけるほうが、結果的に多くのものを得られると思う。

＊13　12月に行なわれる年間最後の高校生の全国大会。

デザイン：天野昌樹
編集協力：野口孝行
櫻井健司
校　正：コトノハ

協　力：（株）Cloud9
千葉ジェッツふなばし

写　真：YUTAKA／アフロスポーツ（カバー）
KaiMookStudio99／Shutterstock（章トビラ）
富樫家提供（P23,P47,P51,P56）
（株）Cloud9（P83,P87,P100）
加藤誠夫／アフロ（P117）
千葉ジェッツふなばし（P132,P158,P178）
千葉ジェッツふなばし／撮影：原淳二（P141,P149）
松岡健三郎／アフロ（P171）

おわりに

２０１２‐２０１３年シーズンに秋田ノーザンハピネッツの一員になってから、僕はプロの選手としてバスケットボールと関わり続けてきた。それまでもバスケをプレーしてきたが、プロになって強く感じたのは、ブースター（ファン）の存在だった。

ブースターについて言うと、僕はとても恵まれている。

プロ１年目に所属した秋田ノーザンハピネッツは熱狂的なブースターが大勢いることで知られ、事実、彼らの強烈な熱量に後押しされながら、シーズンを突き進んでいった。そのおかげで、入団した年に新設されたｂｊリーグ新人賞を受賞することができた。ブースターの熱心な応援がなければ、この賞を獲得できなかっただろう。

海外挑戦を経て日本に戻ると、２０１５‐２０１６年シーズンからは千葉ジェッツに所属している。本書でも触れたように、偶然的な縁があってジェッツに入団する運びとなったのだが、ここでも熱いブースターたちに巡り合えた。

バスケファンなら誰でも知っているとおり、2015‐2016年シーズンからずっと観客動員数1位を誇るチームである。いつもジェッツのチームカラーの赤で会場を埋め尽くすブースターたちのサポートは、僕のプレーにいつも力を与えてくれている。

選手たちの調子というのは、どうしても日によって変わってくる。絶好調のときもあれば、残念ながらそうでないときもある。だが、不調であってもアリーナでブースターの声援を聞いているうちに気持ちが高揚し、それまでとは打って変わって調子が戻ってきたりする。ブースターがいるからこそ、選手たちは最後の最後まで力を振り絞ろうという気持ちになれるのだ。

先述したとおり、今シーズン、僕はチームのキャプテンを引き受けることになった。実は、キャプテンを務めるのはミニバスのとき以来で、僕自身、言葉でチームを引っ張っていくような性格ではない。

だが、幸い大野ヘッドコーチのもと、「アグレッシブなディフェンスから走る」というチームスタイルは、僕が言わずとも選手一人ひとりにすでに浸透している。今シーズンこそはブースターにBリーグチャンピオンの報告を届けられるよう、このスローガンをさらに突き詰めていくよう、キャプテンとして努めていきたい。

コートから観客席を眺めると、時折、自分が小学生のときにbjリーグの試合を見に行ったことを思い出す。独特の雰囲気のなか、僕はとにかくワクワクし、白熱する試合を見ながらバスケ熱を上げていったのだ。

外国人選手が自分のリストバンドを観客席に投げ入れると、その選手のファンでなくても手を伸ばしてキャッチしようと必死になった。コート脇で選手たちとハイタッチできたりすると、とにかく嬉《うれ》しくてたまらなかった。こうした些細《ささい》なことでも、ブースターは喜んでくれるものなのだ。僕はいまも、小学生のころの気持ちを蘇《よみがえ》らせ、ブースターとの距離をできるだけ縮めようと心がけている。

ほんの少しでも触れ合うことで、ブースターたちが束の間の楽しい時間を実感できたのなら、僕としても幸せだ。

事実、僕とハイタッチをした子どもが家に帰ってからもずっとその話をしているという手紙を、その子どもの親からいただいたりする。コロナの影響でハイタッチや握手したりする機会が限られる状況がしばらく続くかもしれないが、これからもブースターとは何らかの形で触れ合う機会を持ちたいと思っている。

実際の試合でのプレー、そしてブースターとの交流。何をとっても楽しいことばかりだ。このバスケットボールというスポーツに巡り合えた幸運に僕はずっと感謝していくだろう。

いまの自分をつくってくれたのは、まぎれもなくバスケットボールだ。僕は今後もバスケットボールと密接に関わっていく。

ブースターやチームスタッフのサポートに応えられるようなプレー、また初めてバスケを観戦した人がまた見に来たいと思わせるようなプレーを今後もお見せできるように、僕はどこまでも前進していくつもりだ。

どんなことが起きてもポジティブな捉え方をする。これが僕のスタイルだ。この思考をいつまでも続けながら、これからも自分の想いを形にしていきたい。

2020年10月吉日

富樫勇樹

［著者紹介］
富樫 勇樹（とがし ゆうき）

1993年、新潟県生まれ。Bリーグ・千葉ジェッツふなばし所属。ポジションはポイントガード。中学卒業後、アメリカのモントローズ・クリスチャン高校に留学。卒業後は、bjリーグの秋田ノーザンハピネッツに入団。2014年7月には、NBAサマーリーグにダラス・マーベリックスの一員として参戦、同年10月に日本人2人目となるNBA選手契約を結ぶ。15年9月、千葉ジェッツと契約。その後、Bリーグで「MVP」1回、「ベスト5」4回、「アシスト王」1回など、リーグを代表する選手として活躍している。

「想《おも》いをカタチにする」ポジティブ思考《しこう》

2020年 11月19日　初版発行
2024年　5月15日　5版発行

著者／富樫《とがし》 勇樹《ゆうき》

発行者／山下 直久

発行／株式会社KADOKAWA
〒102-8177　東京都千代田区富士見2-13-3
電話　0570-002-301（ナビダイヤル）

印刷所／大日本印刷株式会社

ISBN 978-4-04-604682-6　C0030